相続・事業承継に強い！
頼れる士業・専門家
50選

2021年版

編者　BMS 株式会社 実務経営サービス

三和書籍

はじめに

腹痛は内科医に、ケガは外科医に、相続問題は相続の専門家に

本書を手に取ってくださった方は、相続の悩みを抱え、誰に相談したらよいのか思案されていると思います。

相続の相談をするなら、その相手は相続の専門家にすることを強くお勧めします。なぜ相続の専門家に相談すべきなのか。ここではその理由についてご説明します。

相続の悩みはいろいろありますが、大きな悩みのひとつは税金、つまり相続税でしょう。そこで相続税を例に、相談相手の選び方をご紹介します（もちろん、相続の悩みは税金だけではありません。家や土地を相続したときの手続きや、親が借金を抱えていたときの対処方法などいろいろあります。しかし、ここでは分かりやすい例として、相続税を挙げさせていただきます）。

払いすぎた税金が戻ってくる?

相続税は税金ですが、税金の専門家といえば税理士です。ですから、相続税の悩みは、税理士の事務所である会計事務所であれば、どこに相談してもよさそうに思えます。しかし、本当に

そうなのでしょうか。

ホームページなどで「払いすぎた相続税が還付される可能性があります」と謳い、相続税の還付手続きを支援するサービスを提供している会計事務所を目にすることがあります。

そのような謳い文句を見ると、「本当にそうなの？」と思うでしょう。なぜなら、相続税を納めた人の大半は、専門家である税理士に手続きを依頼しているはずだからです。それにもかかわらず、相続税の還付を受ける人は実際に数多くいます。なぜでしょうか。

相続税が還付される仕組み

「税理士の数だけ相続税がある」といわれます。相続税は税理士のスキルによって計算される税額が異なる可能性が高いのです。なぜ、このようなことが起こるのでしょうか。

相続税を計算する基礎となるのは、相続財産の算出です。現金、預貯金、不動産、有価証券、生命保険、ゴルフ会員権など、さまざまな相続財産がありますが、税理士によって評価額が大きく異なるのは不動産です。

現金や預貯金の評価が税理士によって違うということはありませんが、不

図表1　相続税還付が可能な期間

相続開始日	更正の請求期限日
相続税申告期間（10カ月）	**相続税還付が可能な期間（法定申告期限日から5年間）**
法定申告期限日	

動産の評価は税理士によってかなり違うのです。

不動産に詳しい方なら、路線価が相続税の算出の基礎となっていることはご存じでしょう。相続の対象となる土地の面積に路線価を掛けることで、その土地の評価が算出されます。これで何の間違いもありません。

その一方で、多くのケースで土地の評価を落とすことができ、それが見過ごされている場合が多いのです。相続税の還付手続きサービスは、この点に目をつけ、相続税を計算し直すのです。

形が不整形であったり、高低差があったり、高圧線が通っていたりするなど、土地の評価が下がるケースはいくつかあります。そして、意外と見過ごされているのが、極端に広い土地（広大地）です。

広い土地は実際に活用するとなると、いくつかに分割して活用しなければならない場合がほとんどです。一区画が1,000坪もある住宅など現実的ではな

いでしょう。

広い土地を活用するために分割しようとすると、道路を通す必要があります。つまり、その土地の全てを活用することができないので、評価を減じることができるというわけです。

また、商売繁盛を祈願してお稲荷さんの祠が庭にあるという商家も珍しくありません。宗教的な施設として、この部分については課税を免れるケースもあります。

「そんなことを知っても、相続税を払ってしまってからでは遅いですよね」

いいえ、そのようなことはありません。相続税法には更正の請求ができると定められています。相続税の申告期限から5年以内であれば、払いすぎた税金の還付を求められるのです。

ただし、相続税の申告期限から5年を経過すると、どんなに誤りがあったとしても還付を受けることが難しくなるため注意が必要です（図表1）。

図表2 税理士ひとりあたりの年間相続税申告件数

年間相続税申告件数 約11.6万件	÷	登録税理士数 約7.9万人	≒	税理士ひとりあたりの年間相続税申告件数 約1.48件

参考資料：国税庁ウェブサイト「平成30年分 相続税の申告事績の概要」（令和元年12月）
日本税理士会連合会ウェブサイト「税理士登録者・税理士法人届出数」（令和2年3月末現在）

相続税の申告経験が
豊富な税理士は意外に少ない

相続税の申告は税理士業務のなかでも特殊な分野で、経験豊富な税理士はごく少数です。経験豊富な税理士が少ない一番の理由は、会社の税務顧問や所得税の確定申告の数と比べて、相続税申告の総数が少ないためです。

これは国税庁と日本税理士会連合会の統計情報からも明らかとなっており、年間の相続税申告件数を税理士の総数で割った値は約1.48件となっています（図表2）。つまり、相続税の申告を1年間に1件くらいしか扱わない税理士が大半なのです。

お医者さんにも外科、内科、皮膚科、耳鼻科といった専門分野があるように、税理士にも法人税、所得税、消費税、相続税といった専門分野があります。

腹痛なら内科医に、ケガなら外科医に診てもらうように、相続税の問題は相続税専門の税理士に相談すべきなのです。相続税専門の税理士に相談することには、次のような極めて大きなメリットがあります。

①相続税の節税ができる

相続税専門の税理士に依頼する大きなメリットのひとつが、相続税の節税です。相続税申告は数多くの特例や、複雑な土地の評価基準、各種財産の評価方法に至るまで、専門的なノウハウや経験、そして知識が重要になります。例えば土地評価ひとつを考えても、評価する税理士によって数千万円の差が生じることも少なくありません。

②税務調査を回避しやすくなる

相続税の税務調査が入ると、調査官からプライベートなことやお金に関することまでさまざまな質問を受けるので、調査はなるべく回避したいものです。実は相続税申告書には、税務調査に入られにくい作り方というものがあります。相続税に強い会計事務所には、そのような申告書を作るノウハウがあり、税務調査の確率を軽減できるのです。

相続問題の相談は相続の専門家に

相続のときに問題になるのは税金のことだけではありません。

例えば、遺産の分割方法を巡り、親族同士が泥沼の争いになるというのはよく聞く話です。このような問題は一度もめると長引き、当事者同士で解決することは容易ではありません。

しかし、このようなときに弁護士が間に入れば、法的根拠にもとづき状況を整理し、各当事者が納得できる結果が得られる可能性が高くなります。特に、遺言を巡るトラブルや、後妻や連れ子への相続といった、解決が容易ではない問題の解決には、弁護士のような専門家の助けが大きな力となるでしょう。

こうした問題の相談も、実績が豊富な法律事務所に依頼したほうがよいことはいうまでもありません。

このように、相続に関する問題は、相続支援を得意とする税理士や弁護士、つまり相続の専門家に相談するのがベストです。

本書について

本書は、相続の悩みを抱える方のために、相続の専門家を紹介することを目的に制作されました。

本書の編者である株式会社実務経営サービスは、会計事務所向けの経営専門誌「月刊実務経営ニュース」を20年以上発行している会社です。同誌発行のため、会計事務所や司法書士事務所、法律事務所などの士業事務所を年間200社以上取材しており、取材活動を通じて、全国の士業事務所とのネットワークを築いています。

本書の制作にあたっては、実務経営サービスのネットワークのなかから、相続支援を強みとしている士業事務所を選定し、掲載を要望しました。

本書の使い方

本書は2部構成になっています。第1部では、相続・事業承継専門の士業事務所を50社紹介しています。これらの士業事務所には相続・事業承継の専門家が所属しており、安心して相談をすることができます。

各事務所の特徴を分かりやすく整理してありますので、よく読んでご自分に合った事務所を選び、気軽にお問い合わせください。

そして第2部では、相続に関する基礎的な知識について解説しています。

本書で紹介した士業事務所は、いずれも相続の知識がなくても対応してくれますが、第2部をあらかじめ読んでおいていただくと、専門家との意思の疎通が円滑になるでしょう。

相続・事業承継に強い！ 頼れる士業・専門家50選 2021年版　目次

第1部

相続・事業承継に強い！
頼れる士業・専門家50選

ここでは、相続・事業承継の相談に乗ってくれる50の士業事務所を紹介します。各事務所の特徴を整理してまとめてありますので、紹介文をお読みいただき、自分に合った専門家を見つけてください。

相続を「争族」にしないための事前対策を重視
節税だけでなく相続後の問題もカバーする全体最適の提案が強み

税理士法人三部会計事務所

三部吉久代表

相続案件に精通するスタッフの皆さん

税理士法人三部会計事務所（福島県郡山市）は、開業から55年の老舗会計事務所。企業の健全な成長を支えるため事業承継のサポートに重点を置き、年間40件の相続案件もこなしている。相続では遺産分割が最重要との観点から、遺言書作成や生前贈与などの生前対策を重視し、相続が円満かつスムーズに進むよう顧客の事情に合わせた提案を行っている。

経営者のよき相談相手として
事業承継を重点的にサポート

税理士法人三部会計事務所は、現会長で公認会計士・税理士の三部久夫が昭和40年に開業した会計事務所です。事務所には、代表の三部吉久を含む6名の税理士、総勢81名のスタッフが所属しています。

当事務所のお客様は、創業当時からお付き合いのある企業や起業を志す若者など幅広い層の方々です。「経営者のよき相談相手となり、企業の健全な成長をサポートする」というポリシーを掲げ、事業承継を重点的にサポートしています。

遺言書作成や生前贈与など
生前対策を重視

当事務所は、顧問先の相続対策や相続手続きに加え、関連士業や不動産会社、既存のお客様から紹介されたケー

スも含めると、年間約40件の相続案件を扱っております。

なかでも、相続においては「遺産分割」が最重要という考えのもと、遺言書作成や生前贈与などの生前対策を重視し、お客様の相続がスムーズに行えるよう心がけています。

当事務所の経営理念に「全体最適」という言葉がありますが、相続においても税金だけに着目せず、全体最適を目指した提案をさせていただいております。

円満な相続の実現に向け 相談者の想いを汲んだ対策を提案

当事務所の大きな特徴は、「相続」が「争族」にならないよう、円満な相続を目指していることです。

まずは、自分の財産や家族の状況を正しく把握することが、相続対策の第一歩です。相続について考えるとき、相続税の節税対策はもちろんですが、「争族」にならないための遺産分割対策、納税をどうするか、二次相続以降

のこと、相続後の遺族の生活、心の問題など、総合的に検討したうえでの判断が必要となります。

遺言を作成する際には、単に財産の分け方を決めるだけではなく、想いを伝えることが非常に大事です。当事務所では個々の家庭の事情に合わせて、想定される状況に対応できるようご提案いたします。

無料の相続相談窓口を設け ベテランスタッフが丁寧に対応

当事務所は相続相談窓口を設置しており、ベテランスタッフがお客様の相談にお応えしています。

相続を初めて経験される方のご相談にも丁寧に対応し、わかりやすくご説明するように努めています。初回相談は無料ですので、ぜひお気軽にお問い合わせください。

親族間の争いのない、円滑な相続を実現するためにも、まず相続事前対策の相談に訪れていただくことを強くお勧めしています。

税理士法人三部会計事務所

代表者：三部　吉久（税理士／東北税理士会郡山支部）
職員数：81名（税理士6名）
所在地：〒963-8023　福島県郡山市緑町16番1号
ホームページ：https://www.sanbe.co.jp
相続相談窓口：電話 024-922-1300
　　　　　　　メール info@sanbe.co.jp

北海道・東北
東京
関東
東海
信越・北陸
近畿
中国・四国
九州・沖縄

相続事前対策に注力する総合会計グループ
「争族」対策、納税資金対策、節税対策を広い視野で提案

税理士法人　日本アシスト会計
日本アシスト会計グループ

佐々木忠則代表

日本アシスト会計グループのスタッフの皆さん

日本アシスト会計グループは、北海道札幌市に拠点を構える会計事務所。「争族」を未然に防ぐ相続事前対策に力を入れており、広い視野で顧客を取り巻く状況を調査し、財産を次の世代に円満に受け渡す方法を提案する。

北海道の個人・法人に高度な支援サービスを提供

　日本アシスト会計グループは、税務署OBである税理士忠鉢繁造と、財務コンサルティング会社代表である税理士佐々木忠則が立ち上げた総合会計グループである。現在は税理士桑畑典義と共に税理士法人化している。

　佐々木代表は大学卒業後すぐに会計事務所に勤務し、相続税の申告はもちろん、個人・法人の税務申告の経験が豊富。自ら会社経営、不動産賃貸業の経験を持ち、不動産を活用した財産形成にも詳しく、相談者の評価は高い。

　当事務所は毎月訪問する関与先が数百件に及び、多様な業種を支援した実績を持つ。会計・税務はもちろん、資金調達、経営改善指導、事業承継支援、M&Aなどの支援も行っている。税務を中心とした幅広い知識を活用し、お客様の思いを重視した支援を行っており、相続の支援に関しても、お客様の気持ちを大切に支援している。

広い視野で財産を次の世代に円満に受け渡す

当事務所は相続の事前対策に力を入れている。「争族」対策、納税資金対策、節税対策の3つを考え、お客様の相談事情に合わせ、柔軟な提案をしている。また、事前対策の大切さを知っていただくため、相続のセミナーや個別相談会を随時行っており、講師の依頼も大変多い。

佐々木代表は、相続に深く関係する相続税・贈与税だけでなく、他の税についても考慮し、お客様にとって最良の方向性を見いだし、財産を次の世代に円満に渡せることを心がけ、お客様に支援をしている。

ちまたでは、「税務調査が入ると、税金をさらに持っていかれる」といわれている。相続の税務調査は名義預金と財産評価が中心になるので、当事務所では申告後の調査で追徴税がないように、これらを事前に調査確認したうえで相続税の申告をしている。

さらに、適正な申告であることを税理士が保証する税理士法第33条の2の書面の添付をしている。これにより、税務署が申告内容を確認するときは、まず税理士に意見聴取をし、そのうえで税務調査の必要がないと判断すれば調査をしないことになる。

当事務所が行った申告では、近年この意見聴取だけで済んでいるケースもある。こうした追徴のない申告業務は、安心して頼れる税理士として地元の金融機関の方からも高い評価をいただいている。

急な相談にも対応する相続相談窓口を設置

当事務所は、相続相談窓口を設置しています。相続で困ったことがありましたら、お気軽にお問い合わせください。初回は無料にてご対応いたします。

急なご相談にも対応できる電話窓口も設置しています。当事務所のホームページには、お問い合わせフォームもご用意しています。

日本アシスト会計グループ（相続支援センター）

代表者：佐々木忠則（税理士／北海道税理士会札幌北支部）

職員数：20名

所在地：札幌市北区北31条西4丁目1番2号

ホームページ：http://www.assist-kaikei.co.jp/　　| 日本アシスト会計 |　| 検索 |

相続相談窓口　電話：011-727-5143　緊急時：090-3393-3050

大手コンサルティングファーム出身のプロフェッショナル集団
相続関係のワンストップサービス、組織再編行為などの高度な提案が特長

税理士法人 アイユーコンサルティング

岩永 悠代表（左）と出川裕基副代表（右）

税理士法人アイユーコンサルティングの皆さん

税理士法人アイユーコンサルティングは、東京、埼玉、広島、福岡、北九州に拠点を構える税理士法人。所属税理士の全員が資産税分野を専門とし、会社法を活用した高度な提案が得意。相続関係の手続きを迅速に処理するワンストップサービスを提供。

大手コンサルティングファーム 出身者が設立した会計事務所

当事務所は2013年に岩永悠税理士事務所として開業し、2015年に税理士法人アイユーコンサルティングに改組しました。2019年11月現在、14名の税理士（20代～30代で構成）、2名の公認会計士を含む総勢52名のスタッフで運営しています。

当事務所に所属する税理士の多くは、資産税分野（相続税申告、相続対策、組織再編など）に特化した大手コンサルティングファームの出身です。分かりやすさとスピーディーな対応を信条に、お客様の財産を最大限に守るご提案をしています。

高付加価値サービスを提供する プロフェッショナル集団

代表の岩永は、大手コンサルティングファームで富裕層向けの資産税・事業承継コンサルティングや、相続税申告を毎年30件以上手がけ、これまで

に取り扱った案件は500件以上になります。

他の所属税理士も同様に、大手コンサルティングファームで高付加価値サービスを数多く提供した実績を持っています。当事務所は高付加価値サービスを提供するプロフェッショナル集団として、銀行や証券会社などの金融機関や税理士を含む士業などから高い評価を受けています。その証拠に、2018年の相続・承継案件の取扱件数は356件となっており、全国でもトップクラスの件数です。

大型相続案件の実績も多数

アイユーコンサルティングでは、財産総額が10億円を超える大型案件の取り扱い実績も豊富にあります。

中堅・中小企業のオーナー様や不動産オーナー様の財産構成としては、自社の株式や不動産の割合が多く占める場合がほとんどです。財産額が大きくなると、いざというときの相続税の納税も多額となります。

納税資金確保が重要項目のひとつになりますので、納税資金確保対策から税務調査対策まで、プロジェクトチームを作り、万全の対策を講じて対応しております。

また、大口を除いた相続税申告における税務調査率も非常に低く、わずか1％の方にしか税務調査が入っていません。節税対策を行ったある申告書に対して、税務署の資産税の担当官からは、「こんなに綺麗で分かりやすい申告書は初めてです」と言われたほど、品質の高い申告書作成に力を入れています。

どんなに節税効果の大きい対策や申告を行っても、最終的に税務署に否認されてしまっては意味がありません。また資産を隠して申告したり、知らずに申告漏れが生じてしまうと、結果として大きな代償（ペナルティ）を支払うことになってしまいます。私たちは、専門性の高い業務を提供していますので安心してお任せください。

税理士法人アイユーコンサルティング

代表者：岩永悠（税理士・行政書士／東京税理士会豊島支部）
職員数：52名（税理士14名、公認会計士2名、行政書士1名、宅建士2名）
所在地：東京事務所（東京都豊島区）、埼玉営業所（埼玉県川越市）、
　　　　広島事務所（広島県広島市）、福岡事務所（福岡県福岡市）、
　　　　北九州事務所（福岡県北九州市）
ホームページ：https://www.taxlawyer328.jp/
相続相談窓口：電話番号 0800-111-7520　メールアドレス info@taxlawyer328.com

資産税の専門部署を設置して最新の税法にも対応
事前相談と綿密なヒアリングによりスムーズな相続を支援
税理士法人青山アカウンティングファーム
青山アカウンティングファームグループ

松本憲二代表

税理士法人青山アカウンティングファームは、東京都港区に本拠を構える開業34年目の会計事務所。海外法人を含むグループを構築し、他の業種や士業とも提携して幅広い顧客層の多種多様なニーズに応えている。相続税申告だけでなく、相続が発生する前のさまざまな対策の提案が強みで、事業承継税制など最新の税法に基づくサポート実績もある。

海外を含む幅広いネットワークを持つ会計事務所

税理士法人青山アカウンティングファームは、代表の松本憲二が1987年に開業した会計事務所です。松本を含む9名の税理士が所属し、スタッフの総勢は約30名です。TKCや金融機関、住宅メーカー、弁護士・社労士・司法書士などとの幅広いネットワークは、海外にまで及んでいます。

相続の専門部署を設けて多岐にわたるニーズに対応

当事務所のお客様は、中堅・大企業から個人事業主まで幅広く、業務内容も連結納税、海外支援、税務会計支援など多岐にわたります。

月次巡回監査で訪問した中小企業からの相談に対し、ご相談者や親族のご要望に応えるために、相続の生前対策や事業承継などさまざまな対策を検

討・提案し、数多くの相続税申告を行ってきました。

最近では、相続税の基礎控除額の縮小による税制改正に伴い、専門部署として「資産税戦略室」を設置しました。提携金融機関や住宅メーカーの税務相談員も務めたり、富裕層の相続税対策や事業承継対策も積極的に行ったりしています。

2019年中は相続対策、事業承継、法人化など約40の案件に対応し、お客様や紹介いただいた金融機関からご納得、信頼をいただいています。

生前対策や事業承継対策の提案が強み

当事務所の相続分野の業務は、相続税申告だけではありません。相続が発生する前からの対策の提案を強みとしています。法人顧問契約を結んでいる中小企業の経営者様や、金融機関に紹介されたお客様からのご相談に対し、自社株式の評価や現状での相続税の試算を入り口として、継続的な生前対策

や事業承継対策を提案し、お客様と一緒にモニタリングを実施していくところに特徴があります。

当事務所の税理士と資産税に精通した国税OBの顧問税理士は、共に最新の税法に対応しています。現在話題となっている事業承継税制についても、非上場株式の納税猶予のサポート事例があります。

事前相談とヒアリングにより円滑な相続・承継をサポート

当事務所の資産税に関する窓口は「資産税戦略室」です。当事務所は事前相談を重視しております。主なご相談内容は「相続税の申告」「相続対策」「事業承継」ですが、ご相談者へのヒアリングの結果、当初の相談内容（例：相続税申告）とは別に検討すべき事項（例：二次相続、自社株、事業承継等の対策）が顕在化することも多く、事前相談により承継が円滑に進んだケースも多々あります。初回のご相談は無料ですので、お気軽にお問い合わせください。

税理士法人青山アカウンティングファーム

代表者：松本 憲二（税理士／東京税理士会 麻布支部）
職員数：30名（うち税理士9名）
所在地：〒107-0062　東京都港区南青山2-13-11
　　　　マストライフ南青山ビル6階
ホームページ：https://www.aoyama-af.or.jp
相続相談窓口：電話 03-3403-8030
　　　　メール shisanzei.aoyama@tkcnf.or.jp

資産税業務特化35年超の会計事務所
税務署に迎合しない資産税のプロが最大限の節税を提案
税理士法人安心資産税会計
一般社団法人安心相続相談センター

高橋安志代表

セミナーの講師を務める高橋代表

税理士法人安心資産税会計は、東京都北区に拠点を構える会計事務所。昭和58年の開業以来、一貫して資産税業務に特化しており、これまでに受けた相談件数は10000件以上、申告業務は1300件以上の圧倒的実績を誇る。

資産税業務に特化して
35年超の会計事務所

　税理士法人安心資産税会計は、税理士の高橋安志が代表を務める会計事務所です。代表の高橋は、資産税一筋35年超というキャリアをもっています。事務所には、税理士6名、一部科目合格者4名、CFP1名を含む、25名のスタッフが所属しています。

　当社は昭和58年創業以来、相続、贈与、譲渡という資産税業務に特化してきました。なかでも小規模宅地の適

用判断、広大地の適用判断、土地評価、借地権問題等では日本有数の会計事務所であると自負しています。

相談件数10000件以上、申告業務1300件以上の圧倒的実績

　相続税は、土地の評価や小規模宅地の特例の適用により、納税額に大きな差が出ます。当社は法律、通達などの許す範囲内で、「税務署に迎合することなく最大限の節税を図る」ことをお約束します。

　平成20年9月25日には、国税不服

審判所で相続税5億円減額（相続人全体かつ当初申告との比較で）の勝訴裁決を勝ち取りました。

こうした姿勢がお客様に評価され、当社がこれまでに受けた資産税関連の相談件数は10000件以上、申告業務を行った件数は1300件以上になります。

絶え間ない研鑽で税務署に 負けない最大限の節税を実現

税制は毎年改正されるため、税金に対する問題は常に変化し、複雑化する傾向にあります。ですから、会計事務所は日々研究を重ね、ノウハウを蓄積し続けていることが極めて重要です。

税務の難しい問題に直面したとき、専門家でさえ容易に税務署の回答や解説書を鵜呑みにする傾向がありますが、それでは納税者の利益は守れません。

納税者の信頼にお応えするために大切なのは、根拠条文をよく読んで判断すること。当社ではスタッフにそう指導をしており、費用を惜しまず、各種

の研修会に積極的に参加させています。さらに代表の高橋は、全国の税理士のために資産税の勉強会を主催しているほか、後進を指導する講師活動を精力的に行っています。

このほかにも、当社は資産税のさまざまな問題を解決するため、信託銀行、銀行、信用金庫、弁護士、不動産鑑定士、司法書士、土地家屋調査士、公証人、社会保険労務士などと積極的に連携を図っています。多様な専門家との相互連携により、お客様にとっての最大限の節税を実現しています。

専門家との対話で 相続の悩みを整理

当社は、お客様一人ひとりの人生に携わるという姿勢で業務に取り組んでいます。まずは考えを整理したいという一般的なご相談から受け付けています。ご相談は面談にて伺いますので、面談のご予約をしてくださいますようお願いいたします。

北海道・東北
東京
関東
東海
信越・北陸
近畿
中国・四国
九州・沖縄

税理士法人安心資産税会計

代表者：高橋安志（東京税理士会王子支部）

職員数：25名（税理士6名、一部科目合格者4名、CFP1名）

所在地：東京都北区赤羽1-52-10　NS2ビル5F

TEL：03-5249-0580㈹　FAX：03-5249-0586

ホームページ：https://www.souzoku-ansinkaikei.com/

相続相談の予約窓口　フリーダイヤル：0120-430-506

不動産相続の経験豊富なスタッフが生前対策から申告まで支援
グループがワンチームで案件ごとに最適な相続対策を提案

税理士法人audience
株式会社audience
株式会社日本財産コンサルタンツ

和田壮司代表

税理士法人 audience の皆さん

税理士法人audience（東京都千代田区）は、代表の和田壮司税理士が6年前に設立した会計事務所。グループ会社と連携して顧客の相続対策や相続税申告、不動産活用などを総合的に支援できる体制が強み。徹底したヒアリングに基づく親身な対応が高く評価されている。

グループ3社が連携して税務・相続・事業承継をトータルサポート

　税理士法人audienceは、代表社員の和田壮司が平成26年に設立しました。和田を含む3名の税理士、8名のスタッフが所属しています。

　当法人のお客様の多くは、創業して間もないベンチャー企業の経営者で、会計・税務のみならず、資金繰りも含めて支援しています。活力のみなぎる比較的若い世代の経営者が多く、当法人も共に成長すべく尽力しております。

　さらに、関連会社の株式会社audience（財務アドバイザリー事業）、株式会社日本財産コンサルタンツ（不動産コンサルティング事業）と連携し、事業承継や相続対策、不動産活用のアドバイスなどの周辺業務までトータルにサポートできる体制を整えています。

不動産相続専門のベテランと国税OBが円満相続を主導

　当法人は、不動産相続で15年の経

験を持つスタッフ、国税局OBの顧問税理士を擁し、ここ数年は相続対策と相続税申告、不動産譲渡の案件を数多く扱い、実績を重ねてきました。

都心に商業ビルを所有するお客様の相続対策と相続税申告の案件では、その資産価値が巨額に上るため、相続財産の評価額を極力下げるべく、相続税額に大きく影響する評価方法を一つ一つ吟味し、小規模宅地等の特例の適用をはじめとして丁寧に対応させていただきました。

また、関連会社の日本財産コンサルタンツと相続対策チームを組み、遺産分割で紛争を起こさない対策をご提案したり、経験豊富なスタッフがお客様や親族に納得していただける不動産活用のご提案をしたりしています。

相続の生前対策を重視 徹底したヒアリングを基に提案

当法人は、相続税申告の川上にあたる相続対策を特に重視し、生前対策のご提案に注力しています。相続税の圧縮による節税だけでなく、ご依頼者の意向や相続人同士を取り巻く環境も徹底的にヒアリングしたうえで、円満相続につながるご提案をさせていただいております。

そのため、ご依頼者とは長期にわたるお付き合いになることが多く、親身な対応が大変喜ばれております。

もちろん相続税申告業務においても、経験豊富なスタッフと国税OB税理士が申告内容を丁寧にチェックしております。

無料相談窓口を設け スタッフが丁寧に対応

当法人は相続を初めて経験される方のご相談にも丁寧に対応し、わかりやすい説明を心掛けています。初回相談は無料ですので、ぜひお気軽にお問い合わせください。

親族間の争いのない円滑な相続を実現するためにも、相続事前対策のご検討を強くお勧めしています。

税理士法人audience

代表者：和田壮司（税理士／東京税理士会麹町支部）
職員数：11名（税理士3名）
所在地：〒100-0004
　東京都千代田区大手町1-6-1 大手町ビル8階
相続相談窓口：03-3213-3402

相続を担当する高橋氏

相続関連業務のベテランが顧客の声にきめ細かく対応
「争いのない相続」を実現するための万全の体制を構築

金子会計事務所

金子 滋代表

金子会計事務所（東京都台東区）は、東京の下町で65年の歴史を持つ会計事務所。代表の金子滋氏をはじめ、相続に関する最新の情報・知識を備え、経験を積んだベテランスタッフがそろう。個々の案件ごとに異なる事情や要望に合わせた、きめ細かく小回りの利くサービスが強み。その柔軟かつ高度な提案力は、多くの顧客から高く評価されている。

65年の歴史と実績を持つ 老舗会計事務所

　金子会計事務所は、初代の金子宏が昭和30年に創業しました。平成5年に現代表の金子滋が事業承継し、創業から数えて65年の歴史を有します。

　当事務所には、代表の金子を含む3名の税理士が所属し、総勢7名のスタッフが密度の濃い業務をこなしています。

　当事務所の所在地は、東京の下町で義理人情に厚い土地柄の台東区元浅草です。多数の地元のお客様から、心のかよった事務所であるとの評判をいただいております。

相続のエキスパートが きめ細かいサービスを提供

　代表の金子は長年にわたり、相続税申告に関するさまざまな勉強会グループに参加し、日々研鑽を重ねてまいり

ました。スタッフ税理士の中にも相続税申告のエキスパートがおり、お客様の高い信頼を勝ちえています。

大手税理士法人にはないきめ細かいサービスと、広範に張り巡らされたネットワークにより、お客様からは大変満足できるとの評価をいただいております。

ダブルチェックと他士業との連携による万全の支援体制

当事務所は、お客様の声を十分に聞くことにより、争いのない相続の実現を心がけています。

相続は税金のみが全てではありません。親族の絆を次の代に引き継ぐ重要なセレモニーです。「亡き人に納得してもらう」ことこそが、遺族に課された宿題であると考えます。そのためにも、相続人の皆様の声を十分に聞くよう努めています。

相続税申告書につきましては、正確を期すべく担当税理士だけでなく、他の税理士によるダブルチェックを行っております。

また、不測の事態が生じた場合には、提携する弁護士事務所にも加勢してもらうなど、万全の体制を備えております。

無料相談窓口を設置 ベテランスタッフが丁寧に対応

当事務所に、相続に関する相談がございましたら、電話かメールにてご連絡ください。代表の金子やベテランスタッフが、丁寧にご相談に応じてまいります。

相続は初めて経験される方がほとんどです。相続を何度も経験したベテランはまずいませんので、どのような初歩的な質問にも、わかりやすく対応していくよう努めてまいります。

初回相談は無料ですので、ぜひお気軽にお問合せいただければと思います。また、遺言書の作成や遺言執行者などもお引き受けしておりますので、どうぞご利用ください。

金子会計事務所

代表者：金子 滋（東京税理士会浅草支部）
職員数：7名（税理士3名）
所在地：〒111-0041
　　　東京都台東区元浅草3-14-12 NWビル5階
ホームページ：https://www.kanekokaikei.com/
相続相談窓口：電話 03-5806-2641
　　　　Eメール k-kaneko@mvi.biglobe.ne.jp

東京・福岡・八戸に拠点を構える税理士法人
相続専門家チームで「争続」を防ぐ手厚い事前対策サービスを提供

税理士法人 恒輝

榎本税務会計事務所・福田税務／労務合同事務所・八戸経営会計事務所

榎本恵一代表

福田英一代表

西川弥生代表

税理士法人恒輝は、東京都墨田区・福岡県福岡市・青森県八戸市に拠点を構える会計事務所。「争続」を未然に防ぐ事前の相続対策に力を入れており、顧客の相談に合わせて経験豊富な相続専門家チームを編成する。

高度な顧客支援ノウハウをもつ3つの会計事務所が合併

　私たち税理士法人恒輝は、1964年開業の東京事務所（榎本税務会計事務所）と1998年開業の福岡事務所（福田税務／労務合同事務所）が合併し、2014年8月に法人として新たなスタートを踏み出しました。2018年3月には1963年開業の八戸経営会計事務所も合併し、さらなるノウハウの集まる事務所へと発展致しました。

　歯科・医科業界の顧問先様を多く抱える福岡事務所。業種に偏ることなくオールマイティーに顧問先様をご支援する東京事務所。地場の顧問先様を長年に亘り手厚くサポートする八戸事務所。3つの事務所が遠く離れた地で培ったスキームを統合し、税務・労務・法務を兼ね備えたワンストップサービスを提供しています。

　当法人は事業の承継や相続、医療法人成りのお手伝いをすることが多く、パートナー士業と連携し、迅速かつ適切な申告や届け出をしています。

　また、某不動産グループのマンション経営オーナー様の顧問をしていることから、相続のご相談を毎年多数頂いていま

す。そして不動産相続だけでなく、顧問先様の二次相続まで含めたトータルなご支援を行っています。

これまでに取り扱った相続案件は100件以上。それぞれの顧問先様のそれぞれの事情に配慮し、ご納得いただける適切な提案をしており、ご好評を頂いています。

家族の安心を実現する
事前の相続対策

「残すほどの資産はない。兄弟や親戚とも仲がよいから大丈夫。いつも口頭で伝えているから、皆分かっている……」。

果たしてそうでしょうか。当法人では、相続が起こる前に行う事前の相続対策で、ご家族の安心を実現することを強くお勧めしています。

家庭裁判所の遺産分割に関する認容・調停成立案件のうち、8割弱が資産5000万円以下の案件です。資産の大小は関係ありません。仲がよくても「争続」になる可能性があります。いざというときに、家族がどうなるのかは誰にも分からないのです。

相続を考えることは、愛する家族を思いやること。贈るのは「安心」です。自分の資産を家族にどう分けるのか、今から明確にしておきましょう。

当法人では、税理士、社会保険労務士、弁護士、司法書士、不動産鑑定士など、各分野のプロが一丸となって、あなたの相続について一緒に考えます。

また、企業にとっても相続は大事なこと。日本は世界一の長寿企業大国です。先人が築いた経験と知恵に最新の知見とノウハウを組み合わせて、新しい100年企業づくりに貢献すること。これが私たち税理士法人恒輝の究極の目標であり、存在理由です。

顧客の相談をもとに
個別の専門家チームを編成

当法人はお客様との相談会の後、それぞれのケースに合った経験豊かな相続チームをつくります。ご家族が安心できる分かりやすい説明を心がけているほか、初回の1時間は無料で相談できますので、お気軽にご利用ください。

税理士法人 恒輝　代表者：榎本恵一・福田英一・西川弥生
職員数：51名（東京事務所16名、福岡事務所17名、八戸事務所18名）

東京事務所
（東京税理士会本所支部）
東京都墨田区両国3-25-5
JEI両国ビル3F
ホームページ：
　http://www.ecg.co.jp
相談窓口：03-3635-3507

福岡事務所
（九州北部税理士会西福岡支部）
福岡市城南区鳥飼5-20-11
ニューストリートビル
ホームページ：
　http://www.fukuda-j.com
相談窓口：092-833-5181

八戸事務所
（東北税理士会八戸支部）
青森県八戸市小中野三丁目
11-10
ホームページ：
　http://www.hachikei.jp/
相談窓口：0178-22-8281

多様な専門家が所属する総合事務所グループ
相続のさまざまな問題をワンストップで解決する総合力が強み

さいとう税理士法人
SAITO ASSOCIATES

齊藤司享代表

さいとう税理士法人のスタッフの皆さん

さいとう税理士法人は、東京都大田区に拠点を構える総合事務所グループSAITO ASSOCIATESの中核となる会計事務所。田園調布の資産家の支援を多く手がけており、相続支援に関する高度なノウハウを蓄積している。

多様な専門家が
所属する総合事務所

SAITO ASSOCIATESは、昭和27年6月に先代の齊藤監太朗により創業されました。現在は、さいとう税理士法人、さいとう経営センター株式会社、株式会社サンガアソシエイツ、株式会社ベネフィックスエフピー、サンガ行政書士法人の5社で運営されています。

当グループには、税理士5名が所属しており、総勢46人の人員で、お客様がワンストップでなんでも相談でき

る事務所を目指しています。

田園調布の資産家の支援で
高度なノウハウを蓄積

さいとう税理士法人が所属する雪谷税務署は田園調布を管轄しているため、当事務所は相続案件に対応することが多く、1年で40件程度の申告案件を取り扱っています。

専門部署である相続コンサルティング部は現在8名の人員で活動しており、そのなかには通常の税務を扱わないFPの専担者も2名います。

事後の相続税の申告だけでなく、相続仮計算やライフプランの作成、相続事前対策も手がけています。FPの会社であるベネフィックスエフピーは宅建業者の免許を持ち、建築に関しても大手業者と提携しています。また、遺言書の作成や遺産分割協議書の作成、相続後の名義書き換えにはサンガ行政書士法人がお手伝いをさせていただきます。

書面添付制度を導入する
税務調査に強い事務所

当事務所の大きな特徴は、相続税申告書の全てに書面添付制度を導入していることです。書面添付制度では、申告書の正しさを税理士が保証するため、税務調査が入る可能性が大きく下がります。

申告書の作成にあたっては、預金の通帳などは生前贈与加算の3年分だけでなく、保存されているものを全てお預かりして、贈与に関するものまで丁寧にチェックします。また、専用のチェックリストを使用して、担当者だけでなく、代表を含めた2名が内容をチェックします。判断に迷う案件に関しては、顧問になっていただいている元国税不服審判所所長の税理士や、相続に強い弁護士に判断を仰いでいます。

相続専門の相談窓口で
初めての相続にも丁寧に対応

当事務所は、田園調布相続支援センターという名称で、相談窓口を設置しています。相続を初めて経験される方のご相談にも丁寧に対応し、分かりやすくご説明するように努めています。初回相談は無料ですので、ぜひお気軽にお問い合わせください。

親族間の争いのない円滑な相続を実現するためにも、相続の事前対策や遺言書の作成を強くお勧めしています。

さいとう税理士法人

代表者：齊藤司享（東京税理士会雪谷支部）

職員数：46名

所在地：〒145-8566　東京都大田区南雪谷2丁目20番3号

ホームページ：http://bene-sa.co.jp/

相続相談窓口　TEL：03-3727-6111　FAX：03-3720-3207

業歴36年の国税OB税理士が代表の会計事務所
判例研究に基づく隙のない申告書で税務対策に強み

志賀暎功税理士事務所

志賀暎功代表

志賀暎功税理士事務所は、東京都文京区に拠点を構える会計事務所。業歴36年の国税OB税理士である志賀暎功氏が代表を務めている。相続税申告に関する判例・裁決などを徹底的に研究し、隙のない万全の申告書を作成するのが特長。

相続税・贈与税・税務調査に強い
国税OBが代表の会計事務所

　志賀暎功税理士事務所は、代表の志賀暎功が、昭和60年7月に27年間勤務した国税の職場を退職し、同年8月に開業した業歴36年の国税OBの税理士事務所です。国税での豊富な経験をもとに、相続税申告、贈与税、税務調査などに強い税理士として、ご相談いただいたお客様より喜びのお言葉を頂戴しています。

　事務所のスタッフは、税理士を含めて3名です。創業以来のお客様がメインで

すが、平成27年の相続税の増税による事業承継などを見込んだ相続対策も行っています。

徹底した判例・裁決研究により
万全な申告書を作成

　平成28年の事例をご紹介しましょう。申告期限2カ月前になっても担当税理士が相談に乗ってくれないとのことで、相続税申告書の見直しを依頼された案件です。

(1)小規模宅地の特例を利用した相続税
　　申告書の税額は約400万円であった。

(2)遺産分割協議書が作成されていなかった。

(3)新潟県N市に所在の原野3000㎡が倍率で計算されていた。

当事務所で検討した結果、以下のような対応を行いました。

㋐上記(1)は(2)の遺産分割協議書が作成されていなかったことから小規模宅地の特例が否認されたため、遺産分割協議書を作成し、約300万円納税額が減少した。

㋑上記(3)の原野の利用状況を尋ねたところ、昭和35年の信濃川の大洪水で消失してしまい現存しない。N税務署に照会した結果、過去に同様の相談があって評価額0とした例があり、所轄署で相談してほしいとの回答があり、所轄署でも0評価が承認された。

㋒N市役所の調査では現在該当地番がなく、所在地が不明である。

その結果、相続税の納税額が約100万円ですむという成果がありました。

そのほかにも、当事務所では次のような成果を挙げています。

①甲の相続税1600万円の過納額が更正の請求で全額還付

②乙の相続税調査で重加算税600万円全額取り消し還付（国税庁発遣の相続税の重加算税の賦課基準に該当せず）を行い、本税2500万円更正の請求で全額還付（相続財産でないことを立証した）

当事務所では、相続税申告に関する判例・裁決などを徹底的に研究し、さらに弁護士、司法書士などの提携士業と連携し、疑問点を検証して申告書の正当性を確認しています。また、相続税の調査対策として、申告書の作成根拠を詳述した書面添付制度を導入するなど、万全を期しています。

当事務所では代表税理士の志賀が、相続や事業承継などについて、無料相談を承っています。初めて相続を経験される方のご相談にも、懇切丁寧に、分かりやすくご説明させていただいています。「争続」の起きない円満な相続のためにも、事前対策のご相談をお勧めします。

当事務所にお問い合わせをいただいた方には、志賀の著書「相続の税金と対策」（分かりやすい相続の解説書）、「相続は準備が9割」いずれかを進呈いたします（FAXでのお問い合わせもご対応します）。

志賀暎功税理士事務所
代表者：志賀暎功（税理士／東京税理士会本郷支部）
職員数：3名
所在地：東京都文京区向丘2-36-9-401
ホームページ：
https://www.shiga-tax-ao.com
相続相談窓口
電話：03-5832-9941
FAX：03-5832-9942
メール：ta-shiga@ams.odn.ne.jp

相続税申告案件年間1200件以上の大型税理士法人
丁寧でわかりやすいサポートと
税務署に指摘を受けない申告のための元調査官との三重検査態勢が強み

相続サポートセンター
（ベンチャーサポート相続税理士法人）

古尾谷裕昭代表

相続の悩みに丁寧に対応するスタッフの皆さん

相続サポートセンターは、同一グループの司法書士法人、行政書士法人、弁護士法人などと一体となって連携しており、どのような相続の相談にも一回で対応できるのが特徴。

大型税理士法人の相続専門部署

　相続サポートセンターは、全国16拠点800名のスタッフが働くベンチャーサポート相続税理士法人を母体とする相続専門部署です。相続専門部署は、東京（銀座・渋谷・新宿・池袋・日本橋）、埼玉（大宮）、神奈川（横浜）、愛知（名古屋）、大阪（梅田・本町・難波）を拠点に展開し、相続税のみを取り扱う税理士と、グループ内の司法書士法人、行政書士法人、社会保険労務士法人、弁護士法人が連携を取り、相続に関するあらゆる疑問や相談にいち早く対応できる態勢を整えています。

顧問先数8000件相続税申告案件年間1200件以上

　2003年8月の創業から16年間、法人税業務、相続税業務に従事し、顧問先数は8000件を超えました。相続税に関するお客様からの依頼が近年急増したことから、相続専門部署の設置に至りました。現在では、相続税申告を依頼されるお客様の案件数は、年間に

すると1200件以上になります。

相続サポートセンターにはさまざまな士業が在籍していますので、相続税申告以外にも、相続手続業務、相続登記、生前対策など、多岐にわたるご相談・ご依頼を受けています。

どこよりも丁寧に、少しでも安く、万全に

相続サポートセンターは、初めて相続税申告する人を、どこよりも丁寧にわかりやすくサポートすることを強みとしています。

また、相続では「少しでも税金を安くしたい」という考え方と、「税務署で指摘されたくない」という意向が多いのですが、これらを両立するのは簡単ではありません。そこで、税務署の相続税部門で長年税務調査を行ってきた元国税調査官を社内に招き入れ、社内の代表税理士、ベテラン担当者の3人による「三重検査態勢」で、高品質の相続税申告をお約束しています。

また、税務調査が行われる確率を引

き下げるため、「書面添付制度」を積極的に推進しています。こうした体制により、申告書について税務調査を受ける割合は、過去100人に1人未満に抑えることに成功しています。

相続専門スタッフが相談に対応

相続サポートセンターは、東京、埼玉、神奈川を中心とした関東近県、名古屋を中心とした中部近県、大阪を中心とした関西近県のお客様の相続について、相続専門のスタッフがご相談に応じています。弊社事務所、あるいはお客様のご自宅に訪問して、無料の相談をさせていただいています。相続に関するあらゆるご質問をお聞きし、概算の相続税の見込額と、弊社の報酬のお見積もりをお伝えします。

専門家への無料相談は相続の第一歩です。何でも聞いていただければと思います。お気軽にお電話ください。

相続サポートセンター（ベンチャーサポート相続税理士法人）

代表者：古尾谷裕昭（東京税理士会京橋支部）
職員数：800名（相続専門部署70名）
所在地：銀座オフィス：東京都中央区銀座3丁目7番3号 銀座オーミビル8階
　　　　渋谷オフィス、新宿オフィス、池袋オフィス、日本橋オフィス、大宮オフィス、
　　　　横浜オフィス、名古屋オフィス、梅田オフィス、本町オフィス、難波オフィス、他3拠点。
ホームページ：https://support-sozoku.com/
相続相談窓口：電話：0120-690-318　Eメール：souzoku@venture-support.jp

業界トップクラスの相続税申告実績4000件の相続税専門会計事務所
全国6拠点、職員総数190名で相続のご相談に対応

税理士法人チェスター
株式会社チェスター

福留正明代表

荒巻善宏代表

相続の悩みに丁寧に対応するスタッフの皆さん

税理士法人チェスターは、東京（三越前・新宿）、横浜、大宮、名古屋、大阪に拠点を持つ相続税専門の会計事務所。累計4000件を超える税理士業界トップクラスの相続税申告の実績がある。税務調査に入られる確率をわずか1％に抑える高度な申告ノウハウを有する。

総勢190名のスタッフを擁する
相続税専門会計事務所

税理士法人チェスターは、東京（三越前、新宿）、横浜、大宮、名古屋、大阪に拠点がある相続税専門の会計事務所です。総勢190名のスタッフが所属しています。

当事務所の主要なお客様は、不動産オーナー、企業役員、地主、医師、中小企業オーナーなどの資産家の方々で、相続税の生前対策から相続発生後の相続税申告手続きまで、ワンストップで対応しています。

相続税申告実績は
業界トップクラスの4000件

私たちには税理士業界トップクラスの相続税申告実績があり、資産家の方の相続税対策、事業承継対策、相続税申告のサポートを行っています。

私たちが行った相続税申告の実績数は、2017年度が1,008件、2018年度が1,210件となっています。累計では

4000件を超える相続税申告のお手伝いをしています。

税務調査率1%の 徹底した税務署対策を実施

税理士法人チェスターの大きな特徴は、相続税の税務調査率をわずか1%に抑えていることです。通常、相続税の税務調査は約10％の確率で入りますが、当事務所では税務調査に入られにくい申告書を作成する経験やノウハウがありますので、税務調査を回避することが可能です。

私たちの事務所には、豊富な経験を持つ専門職スタッフが総勢190名在籍しており、国税専門官として税務調査に関わった経験を持つ国税OB税理士、ベテランスタッフが申告書を丁寧にチェックします。専門家の複数の目でしっかり確認をすることで、税務署から指摘を受けない相続税申告を実現しています。

さらに当事務所では、申告書の内容が適正であることを税理士が保証する書面添付制度を導入しています。申告書の正しさを税理士が保証するため、税務調査が入る可能性が大きく下がります。

初回面談時に必要な 費用が分かる安心の対応

税理士法人チェスターは、東京（三越前、新宿）、横浜、大宮、名古屋、大阪の6つの拠点で相続税のご相談に対応しています（詳細は下記のホームページを参照してください）。相続発生後のご相談は初回面談無料でご対応していますので、ぜひお気軽にご相談ください。

初回のご面談の際に、私たちが提供するサービスの詳細や、税理士報酬のお見積もりを出させていただきます。フリーダイヤルでのお電話、もしくはホームページ内のお問い合わせフォームから、初回面談のご予約が可能です。

税理士法人チェスター
代表者：福留正明　荒巻善宏（東京税理士会日本橋支部）
職員数：190名（税理士37名、公認会計士5名、弁護士3名、
　　　　不動産鑑定士1名、司法書士8名、行政書士6名、
　　　　宅地建物取引士31名、相続診断士9名）
所在地：東京事務所、新宿事務所、横浜事務所、
　　　　大宮事務所、名古屋事務所、大阪事務所
ホームページ：https://chester-tax.com
相続相談窓口　電　話：0120-888-145　メール：info@chester-tax.com

全国8拠点の総合法律経済関係事務所グループ
相続のベテラン専門家がさまざまな問題をワンストップで解決

JPA総研
日本パートナー税理士法人
相続対策推進部

日本パートナー税理士法人は、全国に8カ所の拠点を構える会計事務所として相続支援に長年取り組んできたベテランの専門家を多数擁しており、相続税申告だけでなく、ハッピーエンディングノート作成支援業務による遺産整理や遺言書作成など多様なおもてなしサービスの相談にワンストップで対応しております!!

相続対策推進に取り組む税理士集団

全国8拠点、職員数150名の
総合法律経済関係事務所グループ

日本パートナー税理士法人は、現代表の神野宗介が昭和41年2月に神野税務会計事務所として開業しました。創業55年目となる現在では社員数が150名になり、総合法律・経済関係の事務所として、クライアントの要求にワンストップで応えられるおもてなしサービスの会計事務所です。

特に相続対策支援業務については、代表の神野宗介、会長の田制幸雄、社長の大須賀弘和、副社長の安徳陽一、副社長の鈴木忠夫が積極的に携わっており、本部と7つの支社にはベテランの専門スタッフがいます。

また、相続関連の法律上の手続きや、名義変更などの遺産整理、遺言書作成などを専門に担当する法人である日本パートナー行政書士法人が取り組んでいます。

近年では、相続対策の極めとして、安心老後提案のためのハッピーエンディングノートの作成を支援する継続関与も増え続けています。

業歴豊富な専門家が相続問題を総合的に解決

会長の田制はもっとも古くから相続を扱っており、特に不動産に関しては豊富なノウハウを有しています。相続分野の業歴は42年になり、扱った件数は300件を超えています。

また、副社長の安徳は、ここ12年以上相続業務の中心メンバーとして、年間30件以上をこなしています。法人、個人の顧問先、不動産業者、葬儀社からの紹介などで、取り扱った案件は累計400件以上になります。

当事務所には上記の2名以外にも、専門的知識とプロ意識を持つ担当者が多数在籍しており、金融機関など関係方面から高い評価を頂いています。

元税務署長を始めとする相続専門税理士が顧客をサポート

当事務所は、資産税専門畑を長く歩かれ、税務署長も歴任された国税OB税理士に専属顧問をしていただいており、相続案件の相談に乗っていただいています。また、豊富な経験をもつ当事務所のベテラン税理士が、複数の目で相続税申告書をチェックします。さらに、書面添付制度も基本的に行っています。

それに加えて、税務だけでなく、測量、登記、名義変更、財産の評価といったご支援もしており、お客様から大変喜ばれております。遺族の二次相続や老後についても、親身になって相談役となる継続顧問契約を結び、推進しています。

全国8拠点で相続の相談に対応

当事務所は相続相談窓口を設けており、本部や各支社の所長税理士が代表して応接いたします。

初めての方にも丁寧に対応し、分かりやすくご説明いたします。初回相談は無料ですし、豊富な経験と実績をもつ専門税理士20名と行政書士15名により、当事務所の相談窓口は親身なおもてなし対応で評判を得ています。ぜひお早めにご相談ください。

日本パートナー税理士法人、日本パートナー行政書士法人

代表者：神野宗介（東北税理士会二本松支部）
職員数：150名
所在地：東京都千代田区神田駿河台4-3
　　　　新お茶の水ビルディング17F
ホームページ：http://www.kijpa.co.jp/

相続相談窓口：
東京本部 03-3295-8477　立川 042-525-6808
都心 03-5369-2030　横浜 045-317-1551
東北本部 0243-24-1351　福島 024-503-2088
郡山 024-923-2505　仙台 022-748-5641
神野代表 090-8789-0240

北海道・東北
東京
関東
東海
信越・北陸
近畿
中国・四国
九州・沖縄

日米の専門家が連携してハワイの不動産所有者を支援
両国の制度に合わせた適切かつ最善のアドバイスを提供

ハワイ相続プロジェクト
税理士法人アーク&パートナーズ
ARC&PARTNERS　HAWAII LLC

内藤 克代表

平田彰太郎会計士

ハワイ相続プロジェクトは、ハワイの不動産所有者を支援する日米の税務法務の専門家ネットワーク。日本側の相談窓口を務める税理士法人アーク&パートナーズ（東京都千代田区）は、数多くの相続案件を手掛けた実績を持つ。日本と税制が異なり独自の相続手続きが必要なハワイの不動産所有や申告などについて、現地の専門家と連携しながらトータルサポートを提供している。

現地の専門家と連携して
ハワイの不動産所有者を支援

　ハワイ相続プロジェクトは、日本とハワイの税務法務の専門家による相続コンサルティングの組織です。税理士法人アーク&パートナーズは日本での相談窓口として、ハワイの現地事務所などとネットワークを構成しています。

　当事務所は1997年の開業以来、代表税理士の内藤 克がオーナー企業の税務を中心にコンサルティングを行っています。現在は司法書士事務所と社会保険労務士事務所を併設し、ワンストップでサービスを提供しています。

　2015年の相続税法改正以降は、ハワイと日本にまたがる相続、ハワイの不動産所有者の税務に関するアドバイスも手掛けています。

　また、税制改正で海外不動産の減価償却の取り扱いが改正されることからも、譲渡時の日米双方の課税のアドバイスが

重要となってきます。

日米の税制の違いを踏まえた最善のアドバイスを提供

開業以来、弁護士から紹介された相続案件を数多く手掛け、税金の計算だけでなく弁護士や司法書士らとともに民法上のアドバイスも含めた相続対策を提案しております。代表の内藤は、2018年の日弁連の弁護士業務改革シンポジウムで遺言に関するパネラーを務め、弁護士会からも一定の評価をいただいています。

ハワイの不動産を所有する日本の居住者からの、所得税や相続税の相談と申告件数は多数に上ります。米国は税金の計算が日本と異なり、プロベートという複雑な相続手続きもあります。この手続きに時間と費用がかかるため、ジョイントテナンシー（合有）やトラスト（信託）、TOD（死因贈与登記）などを用いて回避するのが一般的です。

現地の専門家のアドバイスだけでは、日本側に思わぬ税金がかかったり、日本で作成した遺言どおりに財産を承継できない場合があったりします。ハワイ相続プロジェクトは、ハワイだけでなく日本の税務法務面からのアドバイスも提供できます。

ハワイの不動産購入から申告・相続までをトータルサポート

ハワイ相続プロジェクトの強みは、それだけではありません。日米の弁護士や会計士のネットワークを通じ、質問に素早く対応します。ハワイの不動産の購入・売却やハワイの銀行からの融資をご紹介したり、日本の税理士を介してハワイの会計士に所得税や相続税の申告を依頼したりもできます。また、説明の分かりやすさに定評があり、相続人同士の話し合いなどでまとめ役をよく依頼されます。

初回の打ち合わせは無料

お問い合わせいただいた方にはヒアリングシートをお送りします。ご記入・返信いただくと、初回無料で方向性の打ち合わせを行った後、ハワイ側と調整のうえ対応いたします。

税理士法人アーク＆パートナーズ

代表者：内藤 克（税理士/東京税理士会麹町支部）
職員数：20名
所在地：〒100-0006
　　　　東京都千代田区有楽町2-10-1
　　　　東京交通会館11階
ホームページ：www.the-arcist.com
相続相談窓口：電話 03-6551-2535

北海道・東北
東京
関東
東海
信越・北陸
近畿
中国・四国
九州・沖縄

武蔵野の地に根ざした老舗会計事務所
絶え間ない研鑽にもとづく豊富なノウハウで顧客を支援

藤本税務会計事務所

藤本昌久代表

藤本税務会計事務所は、東京都世田谷区に拠点を構える老舗会計事務所。創業以来70年近くにわたり武蔵野の資産家を支援しており、特に土地の一部をマンション経営に活用している農家の相続対策、相続税申告を得意とする。

武蔵野の地に根付いて70年の老舗会計事務所

　藤本税務会計事務所は、開業から70年近い歴史をもつ会計事務所です。現所長で税理士の藤本昌久は、先代から事務所を引き継ぎ、5名のスタッフで運営しております。

　私たちは、お客様と接する頻度を可能なかぎり高め、本音を伺って課題を探ることが大切だと思っております。いずれは事務所の24時間営業も視野に入れながら、今は予約制で朝7時か

ら夜8時まで応対しております。

　手厚いサービスと大手に負けない情報をご提供していくのが、当事務所の基本的スタンスです。

　相続の案件は、所長の藤本が直接扱います。資産税は専門知識の有無で大きな差がつきますが、当事務所は先代から約70年にわたり財産にかかわる税金を扱って参りました。

　移り変わりの速い税制のもと、他の税理士との研究会などを通じて絶えず研究し、周辺研究機関や業者との情報交換も行い、すばやい情報入手を実現

しております。それにより、税務だけでなく、測量や土地家屋の調査、建築の知識、土地整理の交渉術といった情報もご提供いたします。

当事務所は先代の頃から武蔵野の地で税理士をやっておりますので、この地域に多い、土地の一部をマンション経営に活用している農家の皆様の相続対策、相続税申告には豊富なノウハウを有しております。所長が直接扱うからこそ、総合的な知識を生かしたアドバイスができます。

書面添付制度で税務調査を回避

当事務所は書面添付制度を活用して、税務調査のない申告を目指しています。書面添付制度は皆様にはまだ馴染みが薄いようですが、税理士がお客様のどの書類をどのようにチェックして申告しているか、また、どのようなご相談を受けたのかを書面に書いて、申告書に添付して税務署に出す制度です。いわば税理士が書く内申書のようなものです。この書類を出しますと、税務署

はお客様のところへいきなり調査に入るのではなく、まずは税理士の意見を聞くようになります。そして、そこで納得できれば調査をしません。

当事務所はこの書面の内容を充実させ、税務署が納得するように努めており、実際にこの意見聴取のみで、調査が行われないことが多くなっています。お客様からは、税務署と接する必要がなくなったと大変感謝されております。

顧客の相談に所長が対応

まずは藤本までお電話をください。その後、直接ご来所いただいて、ご面談をさせてください。藤本の人柄もご理解いただけると思います。

相続は、皆さん初めて経験される方ばかりです。分からないことだらけだと思いますが、きっと面談のあとは、「分かって」お帰りいただけると思います。初回相談は無料ですので、ぜひお気軽にお問い合わせください。

藤本税務会計事務所

代表者：税理士　藤本昌久（東京税理士会世田谷支部）

職員数：5名

所在地：〒157-0072　東京都世田谷区祖師谷4-6-4

ホームページ：http://www.taxfuji.com

相続相談窓口：電話 03-3483-2002　メール info@taxfuji.com

都内の中小企業を支援して40年の会計事務所
会社の存続と円満相続を実現する納得の提案が持ち味

松田 茂税理士事務所

松田 茂代表

松田 茂税理士事務所のエントランス

松田 茂税理士事務所は、東京都北区で約40年に亘り中小企業を支援してきた老舗会計事務所。中小企業の代替わりに絡む相続支援を数多くこなしている。北区周辺の土地事情に詳しく、不動産絡みの相続にあたっては、丁寧な調査に基づく納得の提案に努めている。

東京都北区に開業して
40年の老舗会計事務所

松田 茂税理士事務所は、税理士の松田 茂が昭和55年に開業した会計事務所です。事務所には代表の松田のほか、税理士試験一部合格者2名を含む5名のスタッフと、1名の専従者が所属しています。

当事務所のお客様は、東京都の北区、板橋区、荒川区中心の中小企業経営者の皆様です。どのお客様とも大変長いお付き合いをさせていただいており、ご支援の結果、大きく成長された非同族会社も数社あります。

一方、同族会社を経営するお客様の多くは、2代目に代替わりをしつつあります。世代的には40〜50歳代の社長様が中心で、業種的には多岐に亘ります。

この他にも、不動産の収益物件を所有されている法人、個人のお客様も数多くいらっしゃいます。私達は、そのようなお客様を長年ご支援してきた為、

相続や事業承継に関する数多くの実績を積み重ねてきました。

円満相続を目標に 顧客が納得する提案に努める

代表の松田は、開業から約40年に亘り、法人のお客様のご支援を中心に活動をしてきました。

その為、事業の存続に重点を置いた、社長様の為の相続支援を得意としています。所謂節税にも配慮した円満相続を目標に、会社が将来に亘り存続し、相続人の皆様に不要な争いが起きないようなご提案に努めています。

また長年、北区を中心に、地域に根ざした活動を続けてきた為、私達は地域事情に精通しています。特に不動産絡みの相続に関しましては、お客様に納得していただけるようなご提案に努めています。法人だけではなく、個人のお客様の不動産に関するご相談にも対応していますので、お悩みの方はぜひご相談下さい。

代表の松田は、税理士や司法書士等の専門家が参加する資産税の研究会に十数年間所属しており、この分野における多様な案件に精通しています。更に、資産税に特化した税理士や司法書士、弁護士、そして相続に特化した不動産鑑定士等、外部スタッフと緊密な協力関係を築いており、お客様にご満足いただける成果物の提供に努めています。

経験豊富な代表税理士が 相談に対応

相続のご相談に関しましては、経験豊富な代表の松田が直接ご対応いたします。

相続は初めてという方でも、資料をお渡しし、丁寧に、分かりやすくご説明するように努めています。初回相談は無料ですので、お気軽にお問い合わせ下さい。

相続を円満に行うことは、一族の未来、会社の未来を左右します。私達は、お客様が円満相続を実現する為のお力添えを精一杯させていただきます。

松田 茂税理士事務所

代表者：松田　茂（東京税理士会王子支部）
職員数：6名（税理士試験一部合格者2名、他3名、専従者1名）
所在地：〒114-0001
　　　　東京都北区東十条4-5-14　キャピタルライフ東十条104号
ホームページ：http://www.matsudashigeru.com/
相続相談窓口：電話 03-3919-8847
　　　　　　　メール matsuda@tkd.att.ne.jp

事務所の代表は税理士に指南をする「相続税法の先生」
相続人からの感謝の言葉が絶えない相続事前対策サービスを提供

みらい会計税理士法人
みらい相続安心センター
みらいグループ

増田正二代表

相続案件に精通するスタッフの皆さん

みらい会計税理士法人（東京都豊島区）は、増田正二税理士が代表を務める会計事務所。増田氏は相続税の専門家であり、税理士のための勉強会を主催するなど豊富な税務知識をもつ。「争族」を防ぐため、相続事前対策に特に注力している。

東京都内の相続・不動産事情を熟知した会計事務所

みらい会計税理士法人は、税理士の増田正二が昭和54年に開業した会計事務所です。事務所には、代表の増田を含む3名の税理士、総勢23名のスタッフが所属しています。スタッフのなかには、税理士試験の相続税法合格者や不動産の専門家、ウェブサイト構築に詳しい者などがおり、幅広い知識を駆使してお客様の支援に取り組んでいます。

事務所の場所柄、当社のお客様は豊島区、練馬区、板橋区などの地主や資産家の方々が多く、賃貸マンションやアパート経営などの支援、遺言書の作成支援、相続事前対策支援には特に力を入れて取り組んでいます。

代表の増田は、税理士の受験学校で相続税法の講師を長年務めていたほか、大手不動産会社に勤務した経験があります。税理士事務所を開業してからは、相続税の専門家として相続の仕事を多く手掛け、これまでに取り扱った案件は数百件になっています。

これまでの仕事で特に忘れられないのは、増田が相続の執行人として取り仕切った案件です。親族の誰もが大荒れになるだろうと予想していた相続手続きを、無事に完了させることができました。相続人からは「ありがとう」と何度もお礼を言っていただき、最後には「増田先生には足を向けて寝られない」とのお言葉までいただきました。

「相続税法の先生」として
税理士のための勉強会を主催

私たちは幅広い税理士業務のなかでも、相続の専門家として、特に相続贈与の業務を得意としています。また、代表の増田は不動産会社に勤務した経験があるため、建物の建築をはじめ、不動産の売買や仲介、賃貸、管理などに関する幅広い知識を有しています。資産家の保有財産の70〜80％が不動産ですので、不動産の知識が特に役立っています。

また、約30年続く「戦略税務研究会」は、一貫して増田が世話人を務めています。この会は、資産税（相続税、贈与税、譲渡所得税）をテーマとした課題解決型の勉強会で、精鋭の税理士や公認会計士が会員として名を連ねています。毎月行われる勉強会では、会員の日常業務で実際に困った事柄、相談したい案件などを互いに持ち寄って議論をしています。会員が持ち寄る膨大な数の課題を研究することが、税務知識の向上に役立っています。

代表税理士が相続の相談に対応

当社は相続相談窓口を設置しています。代表の増田やベテランスタッフが、「相続を初めて経験される方」のご相談にも丁寧に対応いたします。「初回相談は無料」ですので、ぜひお気軽にお問い合わせください。

親族間の争いのない、円滑な相続を実現するために、「遺言書の作成」や「相続事前対策」に力を入れており、お勧めしています。

みらい相続安心センター

代表者：増田正二（東京税理士会豊島支部）
職員数：23名（税理士3名）
所在地：〒171-0014　東京都豊島区池袋2-23-24
　　　　藤西ビル別館2階
ホームページ：https://www.miraikaikei.or.jp
相続相談窓口：電話：03-3986-3551

北海道・東北　東京　関東　東海　信越・北陸　近畿　中国・四国　九州・沖縄

専門家の多様なネットワークを有する会計事務所
経営者や資産家の相続・事業承継の事前準備を支援

山下康親税理士事務所

山下康親代表

相続専門スタッフが多数所属

オフィスは中野坂上駅から徒歩5分

山下康親税理士事務所は、東京都中野区に拠点を構える会計事務所。創業者や資産家一族の世帯主が資産を次世代に円滑に引き継げるようにするため、相続・事業承継の事前準備の支援に力を入れている。

相続専門スタッフを
7名抱える会計事務所

　山下康親税理士事務所は、税理士の山下康親が1985年に創業した会計事務所です。

　総勢23名のスタッフが所属し、相続専門スタッフは7名おります。不動産鑑定士、弁護士、司法書士など、さまざまな分野の専門家ネットワークと連携し、相続問題を円滑に解決いたします。

　当事務所のお客様は、若手ベンチャー企業から老舗企業まで、業種も多岐にわたります。また、当事務所は個人資産家の相続資産の試算にも力を入れています。

相続専門税理士が
資産家を総合的にバックアップ

　所長の山下は、大手建設会社の顧問であったことをきっかけに、資産税に強い税理士としてさまざまな相談会により、資産家一族の相続対策を実施しております。現在では不動産相続を年間約20件扱っております。

専門税理士が総合的にバックアップし、お客様にご満足していただくためにチーム編成にてご対応させていただいております。

「円満な相続」という観点で お客様の相続をサポート

当事務所の特徴としては、相続専門スタッフを7名抱える会計事務所であるということと、一つの案件を複数人で情報共有、検討している点にあります。

申告においても複数人のチェックを経ていますので、ご安心いただけます。

また、特異な案件については、顧問である国税OB税理士に相談し、協力をいただいております。

相続においては、手続き業務に目が奪われがちですが、いかに円満に相続するかという観点でお客様にご提案しております。

初回無料の相談から さまざまな対策を提案

当事務所では、相続・事業承継の事前準備をお手伝いしています。

ご相談は初回無料で受け付けていますので、ささいなことでもぜひご相談ください。初回のご相談内容から、今後の方針を策定いたします。

具体的には、以下のようなご提案が可能です。

①不動産・株式の評価
②相続税の試算
③消費税の還付
④会社合併・分割
⑤株式交換・移転
⑥不動産の買い換え・交換

このほかにも、さまざまなサービスをご提供できます。まずはご相談ください。

山下康親税理士事務所

代表者：山下康親（東京税理士会中野支部）

職員数：23名

所在地：〒164-0012　東京都中野区本町3-30-14コアシティ中野坂上201号

ホームページ：http://www.office-y-y.com/

相続相談窓口：電話 03-5351-0800　メール yamashita@office-y-y.com

北海道・東北

東京

関東

東海

信越・北陸

近畿

中国・四国

九州・沖縄

相続税申告を200件以上扱った税理士が相続の事前対策を提案
財産カウンセリングと相続シミュレーションで争族を回避

山中朋文税理士事務所

山中朋文代表

相続案件に精通するスタッフの皆さん

山中朋文税理士事務所は、東京都世田谷区にオフィスを構える会計事務所。代表の山中朋文氏は200件以上の相続税申告をこなし、不動産が絡む相続対策を得意とする。相続対策を希望する顧客一人ひとりに財産カウンセリングと相続シミュレーションを実施し、それぞれの事情に合わせた最善の対策を提案。税務調査のリスクを軽減する申告書への書面添付も100％実現している。

地主・資産家の相続対策に強みを持つ会計事務所

　山中朋文税理士事務所は、代表の山中朋文が2013年4月に開業した税理士事務所です。事務所には、山中のほかに税理士有資格者が1名、総勢8名のスタッフが所属しております。

　当事務所の主なお客様は、30〜40代の中小企業経営者で、業種はWeb制作、建築事務所、飲食業と多岐にわたります。業務は創業支援と黒字化支援に加え、地域の地主や資産家の不動産を絡めた相続対策も得意としています。

財産カウンセリングで顧客と懸念事項を共有しながら解決

　代表の山中は、会計事務所に勤務していた10年間に、不動産譲渡や相続税などの資産税案件を中心に経験を積みました。独立後も含め、現在までに

200件以上の相続税申告案件を扱い、年間200件を超える相続相談が寄せられています。

「相続税がいくらかかるか分からない」「相続について漠然とした不安を感じる」「何から手をつけたらいいか分からない」など、相続に関するお悩みはさまざまです。

当事務所では、これから相続対策を始めるお客様一人ひとりに財産カウンセリングを行い、懸念事項をご家族で共有しながら解決していくお手伝いをしております。お客様からは、家族で将来のことを話す時間が増えたと、大変喜んでいただいております。

シミュレーションで争族を回避 申告時の書面添付も100%実現

当事務所では、相続対策をご希望のお客様に財産カウンセリングを行った後、相続税がいくらかかるかを試算する相続シミュレーションも実施しています。お客様のご希望を踏まえ、公正証書遺言や資産管理法人を使った節税などの対策を講じて、家族が争う「争族」を未然に防ぐお手伝いをしております。

また、当事務所では相続税申告において書面添付を100%実現しております。質の高い申告書を作成することは、お客様の税務調査の負担軽減につながります。

相続専門スタッフが対応する 無料相談窓口を設置

当事務所では、随時相続相談を受け付けております。代表の山中ならびに相続専門のスタッフが、ご相談に対応させていただきます。お問い合わせはお電話か、当事務所ホームページのお問い合わせフォームからお願いいたします。

初回相談は無料です。現在悩んでいることや気になることなど、どのような些細な内容でも構いませんので、お気軽にご相談ください。お客様それぞれの事情に合わせた、最善のご提案をさせていただきます。

山中朋文税理士事務所

代表者：山中朋文（税理士／東京税理士会玉川支部）
職員数：8名
所在地：〒158-0083　東京都世田谷区奥沢5-24-7
　　　　　グリーンヒルズ自由が丘403
ホームページ：https://bestax.jp/
相続相談窓口：電話 03-6421-2296
　　　　　　　お問い合わせフォーム https://bestax.jp/inquiry.html

相続発生後のさまざまなトラブルを依頼者が後悔しない形で解決
理念とノウハウを全スタッフが共有できる体制を構築

弁護士法人リーガルプラス

谷 靖介代表

弁護士法人リーガルプラスは、東京と茨城に各1拠点、千葉に5拠点を展開する弁護士事務所。代表の谷 靖介氏をはじめ13名の弁護士が、各地域に密着した形で顧客のトラブル解決に注力している。特に相続発生後のトラブル解決に強く、年間300件超の相続関連の相談に対応。過去の事例やノウハウを拠点間で共有し、依頼者が「後悔しない解決」を実現する体制を構築している。

1都2県に7拠点を展開する
地域密着型の弁護士事務所

弁護士法人リーガルプラスは、弁護士の谷 靖介が平成20年に創設した弁護士事務所です。東京、千葉、茨城の1都2県に7拠点を展開し、代表の谷を含む13名の弁護士、総勢40名のスタッフが所属しています。

リーガルプラスという名称は、「困っている人の役に立ちたい」という想いをスタッフ全員が共有し、自分たちの活動を通じてクライアント・地域社会・構成メンバーのそれぞれに「プラス」があってほしいとの気持ちを込めてつけたものです。

相続トラブルでお困りの方はもちろんのこと、さまざまなトラブルを抱えた人のお力になるため、日々研鑽を積んでおります。

年間300件超の相談に対応
相続発生後のトラブル解決に注力

当事務所は、相続問題のなかでも特に「相続発生後に起こるトラブル」の解決に注力しています。

当事務所には、年間300件を超える相続問題に関するお問い合わせが寄せられます。「遺留分を侵害された」「一方的に相続放棄を求められた」「亡くなった親の預金が勝手に使い込まれている」など、トラブルの内容は多種多様です。

遺産分割協議などをきっかけに発生したこれらのトラブルに対し、当事務所はご依頼者の意向に沿いながら、法律に準じて適切な解決を図ってきました。

依頼者が「後悔しない解決」を
目指し拠点間でノウハウを共有

当事務所では、相続トラブルの解決に当たって「妥協しない、我慢しない、しっかり主張する」という理念のもと、ご依頼者が「後悔しない解決」を目指しています。

相続トラブルは、ご依頼者の希望や意向によって取るべき解決方法が異なります。当事務所では、拠点間をつなぐ業務システムの活用や、定期的に開催している所内研究会を通して解決事例やノウハウを共有し、さまざまな相続トラブルに対応できる体制づくりを進めています。

無料相談窓口を設置し
法律の専門家が対応

弁護士法人リーガルプラスの各事務所（東京：日本橋、千葉：市川・船橋・津田沼・千葉・成田、茨城：鹿嶋）は、いずれもアクセスの良い、来所しやすい場所に立地しています。

相続トラブルでお悩みの方は、まずフリーダイヤル0120-13-4895にお電話いただき、状況をお伝えください。法律の専門家が、相続トラブルの解決に向けてしっかりアドバイスいたします。

初回相談は無料ですので、ぜひお気軽にお問い合わせください。

弁護士法人リーガルプラス
代表者：谷 靖介（東京弁護士会所属）
職員数：40名（弁護士13名）
所在地：東京法律事務所（日本橋）、市川法律事務所（本八幡）、船橋法律事務所（船橋）、
　　　　津田沼法律事務所（津田沼）、千葉法律事務所（千葉）、成田法律事務所（成田）、
　　　　かしま法律事務所（鹿嶋）
ホームページ：https://legalplus.jp/
相続相談窓口：フリーダイヤル 0120-13-4895

事業承継案件数300件超の実績を持つ事業承継支援専門会計事務所
既に顧問税理士がいても気兼ねなく相談可能

ワイズ・パートナーズ税理士法人

小西孝幸代表（左）と小林将也代表（右）

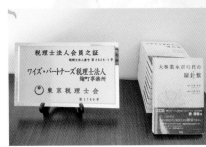

ワイズ・パートナーズ税理士法人（東京都千代田区）は、事業承継支援専門の会計事務所。事業承継案件数300件を超える実績を持ち、豊富なノウハウで会社を次世代に引き継ぐ仕組みづくりを支援する。税務顧問業務を行っていないので、既に顧問税理士がいる場合でも気兼ねなく相談できる。

事業承継支援専門の会計事務所

　ワイズ・パートナーズ税理士法人には、代表税理士である小西孝幸、小林将也を含む合計4名のスタッフが所属しています。当事務所は、平成24年の設立以来、中小企業の事業承継支援を専門にしている税理士事務所です。

　業務領域としては、いわゆる資産税と呼ばれる分野ですが、個人の相続税申告を専門にしている税理士事務所とは違い、会社が続くための事業承継支援を専門にしています。

事業承継案件数300件超の実績

　代表の小西と小林は、オーナー系企業を中心に合併・分割といった組織再編業務に数百件以上携わった実績をもち、その知識経験を基に、組織再編、種類株式、信託、一般社団法人など、事業承継に欠かせない様々な制度を活用しながら、安心して次世代へ事業を引き継ぐことができる仕組みづくりのお手伝いをしています。

ここ数年で関わった事業承継案件数は300件を超えています。いわゆる商品を販売するためのバイアスのかかった提案ではなく、お客様に寄り添ったオーダーメイドの提案が、多くのお客様に支持されています。

オーダーメイドの事業承継対策で入口から出口までしっかりサポート

事業承継対策は、ご家族が揉めないように、後継者が安心して事業を引き継ぐことができるように準備をしていくものです。税金対策ありきではありません。正しく事業承継の準備を進めていくためには、会社のビジョン、目指す方向性に合った提案を行うことが大切だと私たちは考えています。

これを実現するために、たたき台となる提案をベースに、経営者のビジョン、目指す方向性、考え方など、色々とお話を伺いながら、事業承継には欠かせない様々な制度を活用し、徐々にオーダーメイドの提案に仕上げていきます。これまでの300件を超える経験

をもとに、経営者の皆様が事業承継を考え始めたその入口から、目指す出口まで、しっかりとサポートさせていただきます。

現在の顧問税理士と連携し、丁寧にわかりやすく対応

当事務所への相談のお問い合わせは、ホームページのお問い合わせページからお願いいたします。2営業日以内に折り返しご連絡いたします。原則、代表の小西、小林のどちらかが対応させていただきます。

事業承継は、経営者が一生に一度しか経験しないものです。ですから、丁寧に分かりやすくご説明するように努めています。

当事務所は、税務顧問業務を行っていないため、顧問税理士の先生から、お客様の事業承継を直接ご相談いただくことも増えています。ぜひ、顧問税理士の先生と一緒に、当事務所の活用をご検討いただければと思います。

ワイズ・パートナーズ税理士法人

代表者：小西孝幸　小林将也（東京税理士会麹町支部）

職員数：4名（税理士2名）

所在地：東京都千代田区平河町一丁目5番15号

ホームページ：https://business-succession.jp/

相続相談窓口：お問い合わせページ

https://business-succession.jp/contact/

鎌倉・湘南の地域事情に精通する税理士の会計事務所
土地の評価額を1円でも下げる努力を徹底

大場尚之税理士・行政書士事務所
鎌倉相続NAVI

大場尚之代表

相続セミナーの講師を務める大場代表

大場尚之税理士・行政書士事務所（神奈川県鎌倉市）は、鎌倉で生まれ育った税理士、大場尚之が代表を務める会計事務所。土地の評価額を1円でも下げる調査業務を徹底する一方で、相続人が遺産分割について考える時間を多く取れるように、報告や提案のスピードを重視する姿勢が、顧客から高い評価を得ている。

鎌倉生まれ、鎌倉育ちの税理士・行政書士の事務所

大場尚之税理士・行政書士事務所は、平成27年4月に、代表の大場尚之が生まれ育った鎌倉で開業した会計事務所です。相続手続や相続税申告のサポート、医業経営の支援に特化しています。相続セミナーなどの開催に力を入れており、難しい相続の手続きについて、お客様に分かりやすくお伝えする姿勢をとても大切にしています。

土地評価の総額を11億円から5億円に減額

当事務所には、神奈川県南部に38筆の土地を有していた被相続人の相続税申告において、土地評価の総額を約5億円まで減額した実績があります。そのお客様は、他の税理士さんから「土地の評価額の総額が約11億円となる」と聞かされていたそうです。

当事務所が実施した机上調査および役所調査において、当該評価対象地が点在する地域は、極端に開発が制限された地

域であることが判明しました。当事務所はその点に着眼し、現地にて丁寧に実地調査を行い、さまざまな土地減価要因を見つけ出しました。

当事務所では、相続税申告に際し、①机上調査、②役所調査、③現地調査の"3調査"を必ず実施します。それらを丁寧に行うことが相続税評価額を押し下げることに繋がり、その結果、相続税額の減額に結びつきます。

土地の評価額を1円でも下げるための努力を惜しまず、"3調査"を確実に行うこの取り組みは、多くのお客様に大変喜んでいただいています。

また、当事務所が業務を行う上で大切にしているのは"業務のスピード"です。税申告業務を請け負ってから、1カ月を目安に財産評価を終了させ、お客様に納付税額の目安をご提示します。その後、被相続人様に配偶者がいらっしゃる場合には、配偶者独自の財産についてもヒアリングを行い、一次相続と二次相続を通算した形での税額をシミュレーションします。さらに、"被相続人様が望まれた分割案および相続人様が望まれる分割

案"についてのヒアリングを行い、"税金"と"遺産相続"の両面から最適と思われる遺産分割案を提案いたします。

なお、当事務所は税理士が申告書の内容についての品質を保証する「税理士法第33条の2に規定する書面」を申告書に添付して提出し、税務調査に対する対策も行っています。

気軽に相談できる無料相談窓口を設置

相続・贈与（事前の対策も含む）に関するご相談につきましては、当事務所に足を運んでいただいた場合にかぎり、原則、何度でも無料となっています（要予約）。

「相続税申告における最大の失敗」は、親族同士が争う"争族"になることです。当事務所代表の大場は、被相続人がご存命のうちに、被相続人と相続人が一緒になって"相続"について考える時間を持つことが、何よりも大切だと考えています。それが"争族"を回避する秘訣です。まずはお気軽にご相談ください。

大場尚之税理士・行政書士事務所
代表者：大場尚之（税理士・行政書士・クリニック開業支援コンサルタント／東京地方税理士会鎌倉支部）
職員数：3名
所在地：〒248-0014　神奈川県鎌倉市由比ガ浜3-5-11 由比ガ浜HALE 101
ホームページ：https://souzokuzei-kamakura.com/
　　　　　　　https://iryohojin-support.com/
相続相談窓口：電話 0467-39-6272　　メール info@souzokuzei-kamakura.com

土地と税金の専門家を多数擁する不動産オーナー専門事務所
高度な土地評価ノウハウは他の会計事務所も信頼

沖田不動産鑑定士・税理士事務所

沖田グループ／星野司法書士事務所
広大地評価サポートセンター

沖田豊明代表

相続案件に精通するスタッフの皆さん

沖田不動産鑑定士・税理士事務所（埼玉県川口市）は、不動産オーナーに特化した会計事務所。不動産鑑定士と税理士の資格を持つ代表の沖田豊明氏を筆頭に、土地と税金の専門家を多数擁する。不動産が絡む相続税申告を年間50件以上手がけており、その手腕は同業の会計事務所からも相談が寄せられるほど。

不動産オーナー専門の
会計事務所

　沖田不動産鑑定士・税理士事務所は、不動産鑑定士と税理士の資格を持つ代表の沖田豊明が、平成11年に開業した会計事務所で、今年で創業22年目になります。

　当事務所は不動産オーナー様に特化しており、賃貸経営の支援や、不動産が絡む相続のサポートを中心業務としています。そのため、不動産や税金の専門家を多数擁しており、税理士3名、不動産鑑定士2名、宅地建物取引士7名、建築士2名、賃貸不動産経営管理士1名を含む、総勢41名のスタッフが在籍しています。

不動産が絡む相続税申告
案件を毎年50件以上手がける

　不動産オーナー様が主要なお客様である関係で、私たちは不動産が絡む相続税申告の案件を数多く扱っています。

　現在は、都市近郊の農家の皆様の相

続税申告を、毎年50件以上行っています。これに加えて、他の税理士の先生からも、複雑な土地が絡む相続税申告業務の依頼を受け、対応しています。

また、こうした申告業務以外にも、土地の有効活用のご提案や、遺言書作成や家族信託、生前贈与などの相続事前対策のご支援にも力を入れています。相続事前対策は、長期的視点で取り組むことで高い資産防衛効果が期待できますので、不動産オーナーの皆様に喜んでいただいています。

他の専門家も評価する
土地評価減額のノウハウ

当事務所の強みは、不動産オーナー様の相続税の額を大きく左右する、土地評価業務にあります。不動産オーナー様の相続税申告においては、相続財産の大半を占める土地の評価を、いかに下げることができるかが重要となります。

その点、当事務所は代表の沖田を筆頭に、経験豊富な不動産評価の専門家が多数おりますので、法律が許す範囲で、土地の評価を最大限下げるご提案が可能です。

他の税理士の先生から当事務所に、難しい土地評価を含む相続税申告業務の依頼が寄せられるのは、私たちの土地評価のノウハウが専門家の観点からも評価されているからです。

代表の沖田はこうした取り組みが評価され、税理士の先生などの専門家向けに、講演活動を行っています。

土地が絡む相続の悩みに
専門家が直接対応

まずは、お電話にてお気軽にご相談ください。代表の沖田やベテランスタッフが、丁寧にご対応いたします。内容によっては、資料をご用意いただいてのご相談となります。相続発生後のご相談のみならず、事前対策のご提案もいたします。代表の沖田は不動産オーナー様向けのセミナーや相談会を定期的に開催していますので、参加ご希望の方はお問い合わせください。

沖田不動産鑑定士・税理士事務所
代表者：沖田豊明（税理士・不動産鑑定士、関東信越税理士会川口支部）
職員数：41名（税理士3名）
所在地：〒332-0012
　　　　埼玉県川口市本町4-1-6 第一ビル4F
ホームページ：http://www.okita-office.com/
相続相談窓口：TEL　048-228-2501
　　　　Mail　info@okita-office.com

水戸・ひたちなかを中心に土地事情に精通した専門家が所属
資産家や経営者の相続・事業承継にきめ細かな対応

小野瀬・木下税理士法人

小野瀬益夫代表　小野瀬貴久副代表　相続業務担当の茅根氏　相続業務担当の小山氏

小野瀬・木下税理士法人は、茨城県水戸市とひたちなか市に事務所を構え、職員55名を擁する税理士法人。創業時から相続支援に注力し、700件以上の案件に対応してきた豊富な実績を持つ。地域の土地事情に精通した専門家が資産家や経営者の相談にていねいに対応する。

税務・会計面のみならず医業・介護・福祉も支援するスペシャリスト

　小野瀬・木下税理士法人は、昭和60年開業の小野瀬公認会計士事務所（現水戸オフィス）と、昭和44年開業の木下会計事務所（現ひたちなかオフィス）が、平成21年に合併して生まれた税理士法人です。水戸オフィスには同代表の小野瀬益夫を含む3名の税理士が、ひたちなかオフィスには所長の大川雅弘と副代表の小野瀬貴久を含む3名の税理士がおり、総勢55名の職員とともに満足度の高い

サービスを長年提供し続けています。
　水戸オフィスでは茨城県内の医療・福祉・介護施設のお客様が、ひたちなかオフィスでは製造業や建設業など中小企業経営者のお客様が多くいらっしゃいます。これに加えて、不動産の賃貸をされている農家のお客様や、お店を経営されているオーナー様など、地域の皆様のお役に立つため相談業務にも力を入れています。

相続案件の豊富なノウハウでワンストップのサービス提供

　相続と一口に言っても、遺産分割や事

業承継対策にはじまり、納税資金や相続税軽減対策などご相談は多岐にわたります。このため、その解決には高度な知識と経験が求められますが、私どもは創業時から地域の不動産や建設業者、士業事務所などとの情報交換や連携に力を入れており、民事信託など新しいサービスの研究もかかしません。

これまでに取り扱った相続案件は700件以上になっており、現在でも年間30件以上の申告を扱っています。なかでも、相続財産に不動産の占める割合が多い農家のお客様などに対して、地域の事情に即したきめ細かな対応を専門の担当者が行います。

蓄積された豊富なノウハウで、お客様の相続・事業承継の事前対策から申告業務まで、幅広くワンストップでのサービス提供に取り組んでいます。

地元の土地事情に精通した専門のスタッフが最適な提案

当法人の大きな強みは、地域の不動産に精通した専門の担当者が所属しており、不動産の評価を得意としていることです。

水戸オフィスには不動産鑑定士事務所を併設しているため、専門家による適正な評価が可能です。もちろん少額の財産債務の評価についてもおろそかにせず、また税務調査の事前対策も考え抜いた上で、ていねいな対応を心がけています。

お客様とのコミュニケーションを大切にし、納得がいくまで何度でもお打ち合わせをさせていただきます。

相談窓口で納得がいくまで相談

当法人へご連絡いただきますと、専門の担当者がご相談に応じます。お客様の悩みをていねいに聞き取り、どのような問題があるのかを分析して、その解決方法を考え、支援してまいります。ご相談には真摯に誠実に対応することを信条としています。

特に「争族」対策をお考えの場合は、相続発生前の対策が非常に重要になります。円満な相続を実現するために、お早めに私どもへご相談ください。解決策の糸口がみつかるかもしれません。

小野瀬・木下税理士法人(www.onosecpa.co.jp)

水戸オフィス
代表者：小野瀬 益夫(公認会計士・税理士・不動産鑑定士／関東信越税理士会水戸支部)
職員数：40名(税理士3名)
所在地：〒310-0911 茨城県水戸市見和1-299-1
相続相談窓口　電話 029-257-6222
　担当 小山 (こやま)

ひたちなかオフィス
代表者：大川 雅弘(税理士)
　　　小野瀬 貴久(副代表 公認会計士・税理士)
職員数：15名(税理士3名)
所在地：〒312-0018 茨城県ひたちなか市笹野町1-3-20
相続相談窓口　電話 029-273-3511
　担当 茅根 (ちのね)、大滝 (おおたき)

新横浜に拠点を構える会計事務所
顧客との対話を大切にして満足度の高い相続を実現

税理士法人 小林会計事務所

小林 清代表

小林代表と相続支援スタッフの皆さん

税理士法人小林会計事務所は、新横浜に拠点を構える会計事務所。長年、新横浜の中小企業経営者や資産家の相続支援に取り組んでおり、顧客との対話を徹底し、一人ひとりに合ったオーダーメイドの提案をすることを信条としている。

横浜の中小企業を支える
会計事務所

　税理士法人小林会計事務所は、新横浜に事務所を開設して約40年、数多くの法人・個人のお客様をご支援してきた会計事務所です。代表の小林を含む5名の税理士と、総勢70名のスタッフが所属しています。

　私たちは、横浜を支える中小企業の経営者の皆様に対して、会計や税務、経営の側面から、さまざまなサポートをしています。また、個人のお客様に対しても、ライフプランや税金のご相談を承っています。開業以来培ってきたノウハウを生かし、お客様のお役に立つことを意識して、日々業務に取り組んでいます。

相続サポート年間100件以上
サラリーマン家庭の支援に注力

　当事務所は開業当初から相続のご支援に取り組んでおり、さまざまな知識、技術、経験を蓄積してきました。おかげさまで、現在では相続でお悩みの方のサポートを、年間100件以上行って

います。

なかでも昨今は、いわゆる普通のサラリーマン家庭のお客様のご支援に力を入れています。相続税は、地主など資産家の方々だけに関係のある税金ではありません。私たちは、ひとりでも多くのお客様の身近な存在として、お役に立つことこそが専門家としての義務であり、実績と考えています。

顧客との対話を徹底し、専門家として課題解決に導く

当事務所の特徴は、「お客様との対話を徹底する」ことです。相続の問題点や解決策は、お客様ごとに全く異なります。そのため、お客様との対話を通して、一人ひとりに合ったご説明やご提案をさせていただいています。

もちろん、適正な相続税申告書の作成や、その後の税務調査対応についても万全の準備をさせていただいています。これは、専門家として当然のことだと考えています。

お客様が抱えている相続に係る不安や悩みを専門家として丁寧に伺い、解決のお役に立たせていただく――。その思いをすべてのスタッフが抱いていることこそが、当事務所の一番の強みと自負しています。

相談窓口では些細な相談にも丁寧で誠意ある対応

当事務所は相続相談のための窓口を設けており、お客様のご都合に合わせて、電話やメール、ご面談などでお話を承っています。

私たちはお客様との対話を重視していますので、代表の小林をはじめスタッフ一同、お客様のお気持ちを最優先にした、丁寧で誠意のあるご説明をさせていただきます。

会計事務所には相談しにくいイメージがあるかもしれませんが、当事務所は違います。どんな些細なご相談でも大歓迎ですので、お気軽にお問い合わせいただければ幸いです。

税理士法人 小林会計事務所（横浜相続なんでも相談所）

代表者：小林　清（東京地方税理士会神奈川支部）
職員数：70名（税理士5名）
所在地：〒222-0033
　　　　神奈川県横浜市港北区新横浜2-6-13
　　　　新横浜ステーションビル1F
ホームページ：https://www.souzoku-yokohama.com/
相続相談窓口：電話 0120-915-745

資産税専門税理士や国税OB税理士を擁する会計事務所
専門家チームによる的確な対応で相続の不安を解消

税理士法人コンパス

山田伸一代表

税理士法人コンパスのスタッフの皆さん

税理士法人コンパスは、埼玉県蕨市と東京都中央区に拠点を構える会計事務所。8名の税理士が所属する専門家集団であり、相続や事業承継の案件には資産税専門税理士と国税OB税理士が緊密に連携して対応する。相続事前対策にも力を入れており、遺言作成等の相談にも対応する。

相続税の専門家を多数擁する
プロフェッショナル集団

税理士法人コンパスは、昭和43年の創業から歴史を積み重ね、平成16年に個人事務所を法人化して延べで50年以上の実績を持つ法人です。

オフィスは蕨と銀座の二か所に有しており、都内はもちろん、蕨やその近辺（川口、戸田、浦和等）の事案を数多く取り扱っています。

当事務所のスタッフは総勢25名で、内8名が税理士という専門家集団を形成しています。税理士がそれぞれの専門分野を持ち、相続・事業承継分野についても実績を積み重ねてきました。

資産税専門チームが
ワンストップで対応

相続については特に、あらゆる事案に対応するため、複数の税理士と情報交換ができる体制を取っており、外部ブレーンとしての顧問弁護士や司法書士とも連携して、関連して発生する遺

言書の作成や遺産分割協議書の作成、相続後の登記等も速やかに行える体制を取っています。

　数多くの事案に適正な判断と最良のアドバイスを行ってきた実績はお客様に高く評価されております。

　申告書の作成にあたっては、お客様からしっかりとお話を伺って、状況を正確に把握したうえで、条文に則り正確な申告書を作成することはもちろんですが、二次相続や想定される事柄をできる限り考慮した納税者有利の提案をすることを心掛けております。

また、相続のトラブルを減らすために相続の事前対策にも力を入れておりますし、ハウスメーカー主催の研修会に講師を派遣しており、各種相談にも対応しております。

税務調査に国税OBが対応

　万一、税務調査が発生した場合でも税務調査の経験豊富で税務訴訟にも精通した国税OBの税理士が在籍してお

りますので、お客様をしっかりとサポートさせて頂きます。さらに書面添付制度を活用して申告書の正確性を保証しており、税務調査が発生する頻度を大きく下げています。

初回は無料で相談に応じます

　相続でお悩みの方のご相談は、電話にて初回無料で対応させて頂きます。

　内容によっては来社頂く場合がありますが、納得頂ける対応をさせて頂きます。

　また、相続専門のHPを開設しており、サラリーマンやアパート経営者のための相続相談や、二次相続を考慮した遺産分割相談の情報を公開しております。

税理士法人コンパス

代表者：山田伸一（東京税理士会京橋支部）
職員数：25名（税理士8名）
所在地：銀座事務所　東京都中央区銀座1-20-7
　　　　蕨 事務所　埼玉県蕨市塚越1-9-10
ホームページ：http://www.taxcompass.com/　http://warabi-souzoku.com/（相続対策）
相続相談窓口：銀座事務所 03-3564-0251　蕨事務所 048-433-6678
　　　　　　メール yamada@taxcompass.com

女性ならではのきめ細かな感性を大切にする会計事務所
適正な申告書作りへの取り組みと、顧客の悩みに寄り添う姿勢が魅力
中山美穂税理士事務所

中山美穂代表

スタッフは女性が中心で、顧客の相談に丁寧に対応

中山美穂税理士事務所は、埼玉県和光市に拠点を構える会計事務所。代表の中山美穂税理士は、女性ならではのきめ細かな気遣いで顧客の悩みに対応。相続税申告に関しては、書面添付制度の導入により内容の適正さを税理士が保証する。

中小企業をさまざまな角度から支援する会計事務所

中山美穂税理士事務所は、税理士の中山美穂が平成23年に開業した会計事務所です。代表の中山ほか、パートスタッフが6名所属しています。

当事務所のお客様は、都内のお客様が60％、埼玉県近郊のお客様が40％で、さまざまな業種のお客様とお付き合いをしています。また、業務は会計・税務にとどまりません。黒字化実現のための経営のアドバイスや、経営

計画書の作成、融資のご紹介、お客様とともに業務改善に取り組むなど、経営支援サービスに力を入れています。

相続を「争続」にしない長期的サポート

代表の中山は、13年在籍した都内の公認会計士事務所で、比較的規模の大きな相続案件の経験を数多く積んでいます。独立後も引き続き相続支援に力を入れており、「お願いするなら女性のほうがいい」というお客様や、生命保険会社、他士業の方々から、多く

のご依頼をいただいています。

当事務所には、都内また埼玉県下の地主の方から、相続税の相談が多く寄せられています。相談者が10人いれば10通りの悩み、不安があります。私たちは相談者に寄り添い、それぞれに合った相続対策や相続税申告についてのご提案を行っています。

相続が「争続」にならないように気を配りながら対応するなかで、お客様からは、関係する親族について引き続きサポートしてほしいという、うれしいお声もいただいています。スポット的な関与のイメージがある相続支援ですが、永きにわたりサポートさせていただいているお客様も多くいらっしゃいます。

女性ならではのきめ細かな
気配りで顧客を支援

当事務所の特徴としては、土地の評価に強いことが挙げられます。現地調査を行い、役所へも足を運び、さらにお客様へのヒアリングを重ねることにより、正確かつ柔軟な発想で土地の評価をさせていただいています。必要な場合には経験豊富な専門家と連携し、お客様に納得していただける評価をしています。

さらに、申告書の内容が適正であることを税理士が保証する書面添付制度

を導入しています。申告書の正しさを税理士が保証するため、税務調査が入る可能性が大きく下がります。

相続では、人には相談しにくいプライベートな悩みが関わってきます。女性ならではの話しやすい雰囲気作り、きめ細かな気配りでお客様に接することを一番大切にしています。

相続の悩みに寄り添う

当事務所では、ホームページの問い合わせフォームからご連絡いただくと、代表の中山とスタッフがお客様の相談にご対応します。初回相談は無料ですので、お気軽にお問い合わせください。

「誰に相談したらよいのか分からない」「何を相談すべきなのか分からない」という方も、まずはご連絡ください。どうしたらよいのか、何をしたらよいのか、私たちも一緒に考えさせていただきたいと思っています。

中山美穂税理士事務所

代表者：中山美穂（関東信越税理士会朝霞支部）
職員数：7名（社会保険労務士2名）
所在地：埼玉県和光市丸山台1-4-3-502
ホームページ：
http://tax-nakayamamiho.jp/

相続相談窓口：
電話：048-424-4360
メール：info@tax-nakayamamiho.jp

年間100件の相続税申告をこなす資産税の専門部署が
15年以上の経験とノウハウを生かして相続関連のあらゆる業務に対応

ベイヒルズ税理士法人

岡 春庭代表

資産税課の皆さん

ベイヒルズ税理士法人は、神奈川県横浜市で32年の歴史を持ち、多種多様なサービスで顧客を総合的に支援する会計事務所。資産税部門は主軸のひとつで、年間500件の相続・資産税関連の相談が寄せられる。相続税申告には現場をよく知る相続専門のスタッフが当たり、各専門家とも連携しながら相続に関するあらゆる問題に対応可能な体制を敷いている。

主軸の相続・贈与に加え近年は
経営支援や事業承継にも注力

　1988年創業のベイヒルズ税理士法人には、代表の岡 春庭をはじめとする5名の税理士を中心に、若手からベテランまで総勢55名のスタッフが所属しています。

　監査・税務申告、MAS（経営支援）、資産税、FP、社労士などの専門部署があり、お客様を総合的に支援してい

ます。

　長年にわたり新設法人支援と相続・贈与を軸にしてきましたが、数年前から経営支援や事業承継にも力を入れています。また、複数の金融機関との間に太いパイプを持ち、融資支援の実績も豊富です。

相談者の不安を安心に変える
懇切丁寧な対応が特徴

　15年以上前に資産税専門の部署を

設け、相続税やその他の資産税に関するご相談を年間500件お受けしています。相続税申告の件数は年間100件ほどです。

ご相談の内容は、相続の手続きから相続税、相続（争続）対策などまでさまざまです。それらの心配や不安を「安心」に変えられるよう、じっくりとお話を伺い、納得していただけるまで何度でも丁寧にご説明することを心掛けています。

また、税理士を前にするとつい身構えてしまいがちですが、相手に寄り添うことを第一に考え、お客様が話しやすい雰囲気づくりに努めています。

熟練スタッフが専門家と連携して相続に関わる全てをサポート

相続税申告の業務には、現場を知る者にしかわからないことがたくさんあります。経験とノウハウの有無は、相続税額に直結する重大な要素です。ベイヒルズ税理士法人では、相続専門の熟練スタッフが対応に当たることで、

お客様にとって最善の結果に結びつく申告の実現に努めています。

司法書士、弁護士、行政書士などの専門家とも連携し、相続税申告だけでなく相続対策や遺産分割、納税資金、ご遺族の今後など、相続のあらゆる面にわたって、お客様の立場に立ってサポートいたします。

詳細なヒアリングに基づきプロの視点から無料でアドバイス

初回相談は無料で承っておりますので、お電話か、ホームページのお問い合わせフォームよりご連絡ください。お電話で内容を確認後、ご面談で詳しいお話を伺わせていただきます。

初回の面談では、ご相談の内容をより詳しくヒアリングさせていただいたうえで、プロの視点からアドバイスいたします。どんな些細な内容でも構いませんので、お気軽にご相談ください。確認させていただいた内容を基に、概算のお見積りと今後の流れをご案内いたします。

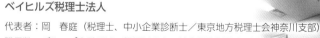

ベイヒルズ税理士法人
代表者：岡　春庭（税理士、中小企業診断士／東京地方税理士会神奈川支部）
職員数：グループ合計55名（税理士5名、社会保険労務士1名）
所在地：〒221-0052
　　　　横浜市神奈川区栄町1-1　KDX横浜ビル6階
ホームページ：https://www.bayhills.co.jp
相続相談窓口：
　横浜駅前相続サポートセンター　フリーコール 0120-045-513

50年超の歴史を持つ船橋市の老舗会計事務所
相続税申告500件以上の豊富な実績で地域の資産家や一般家庭の相続をサポート

税理士法人三田会計

三田洋造代表

松田千恵氏

斉藤 匠氏

税理士法人三田会計は、千葉県船橋市に拠点を構える地域最古参の会計事務所。相続税申告を昭和40年代前半から500件以上扱っており、豊富なノウハウを蓄積。専任スタッフ制を採用し、急な相続の相談にも迅速に対応できる。

税理士法人三田会計は、前身の公認会計士・税理士 三田和郎事務所の時代から50年超の歴史があります。代表の三田洋造を含む2名の税理士、総勢17名のスタッフが所属しています。

開業以来500件以上の実績

当事務所は昭和40年代前半から申告業務を行っており、申告件数の累計は500件以上になります。これまでに扱った案件は、地域の地主と中小企業の社長や会長に係る申告が多数でしたが、平成27年以降は、一般家庭の方の相続税の

申告も顕著に増えており、同年から令和元年末までの5年間で100件以上の申告書を提出しています。

なおこれまでに資産規模40億円以上の案件が2件、5億円から10億円規模のものも10件以上の実績がありますので、資産家の方も安心してお任せいただくことができると自負しています。

様々なニーズに対応できる
体制を構築

①専任スタッフ制

相続税（および贈与税）案件を専門に

扱う職員を2名置き、いつ、どのような案件が来ても迅速に対応することができます。この2名はNPO法人相続アドバイザー協議会認定の「相続アドバイザー」資格やFP技能士資格を保有し、相続に関する幅広い知識を習得しています。

②税務調査対策

当事務所が作成する相続税の申告書には必ず税理士法第33条の2の「添付書面」を付けています。この「書面」があることで、所轄税務署はいきなり税務調査を行うのではなく、まず当事務所に問い合わせることになります。また仮に税務調査になったとしても、当事務所の税理士が必ず立ち会います。過去5年間で税務調査に至った案件は2件のみで、内1件は修正なし、1件はお客様が把握していなかった財産の計上漏れによる軽微な修正でした。

③他士業や専門会社との提携

当事務所は複数の司法書士や不動産会社、生命保険会社と提携し、遺言、遺産分割協議書作成、相続登記などから不動産の査定や売却、生前対策の一環としての生命保険の加入など、相続開始前から開始後まで、様々なお客様のニーズに素早く対応できる体制を整えています。

④セミナー・相談会の開催

ここ数年は毎年2回ほど開催しており、「賢い相続税の節税術」と題して地域の皆様に情報発信をしたり、お客様の個別のご相談に応じたりしています。

⑤多様な支払手段への対応

申告報酬のお支払いについては、振り込みのほかにクレジットカード決済も対応しております。

当事務所には、前述の専任スタッフ2名と、代表の三田も含めた3名がお客様のご相談に対応いたします。

相続の全体像が把握できる 丁寧なヒアリング

まずはホームページをご覧いただき、メールや電話でお問い合わせください。その後のご面談で細かくヒアリングをいたします。できる限りその場で、申告を依頼される場合の申告料の目安を提示しています。また申告依頼の有無にかかわらず、申告や登記に必要となる各種書類についてご説明し、一覧表をお渡ししています。

ここまでのご相談は無料ですので、お気軽にお問い合わせください。

税理士法人三田会計
代表者：三田洋造（千葉県税理士会船橋支部）
職員数：17名（税理士2名）
所在地：千葉県船橋市夏見台4-8-29
相続・贈与専門サイト：
https://www.souzoku-funabashi.com
事務所公式サイト：
https://www2.mita-kaikei.com/
相続相談窓口
フリーダイヤル：0120-801-709

相続支援35年1000件の実績を誇る税理士法人
ベテランスタッフが最後まで一貫して対応し、書面添付で適正さを保証

ヤマト税理士法人

北村喜久則代表

丁寧で分かりやすい対応が信条のヤマト税理士法人の皆さん

ヤマト税理士法人は、さいたま市南区に拠点を構える会計事務所。35年以上にわたり相続支援業務に取り組んでおり、扱った案件は1000件を超える。資産税に精通したベテランスタッフが、顧客の相談に最後まで一貫して対応する。

さいたま市近隣の中小企業を支援する会計事務所

　ヤマト税理士法人は、代表を務める税理士の北村喜久則が昭和58年に開業した北村税理士事務所を母体に、平成22年に設立された税理士法人です。代表の北村を含む6名の税理士、総勢約30名のスタッフが所属しています。

　当社のお客様はさいたま市の中小企業とその関係者が多く、業種としては不動産関連が最多となっています。また、個人の資産設計を支援する「FP

業務」にも力を入れています。

相続対策の提案に関する35年1000件の豊富な実績

　当社は、個人事務所時代から35年にわたり相続支援業務に取り組んでおり、これまでに取り扱った相続件数は1000件を超えます。そして現在も、年間30～50件程度扱っています。

　お客様のなかには昔からの地主さんも多く、相続対策の提案を通じ、多種多様な支援の実績を積んできました。例えば土地の評価は、ひとつ間違える

と数字が大きく変動するリスクの高い分野です。当社はこれまでに培った豊富な経験と緻密な制度の分析をベースに、時には大胆な発想でお客様に満足していただける提案をしています。

また、亡くなった方しか知らない不明瞭な銀行取引も、適正な申告と認められるためのノウハウを知り尽くした担当者が徹底的に分析し、完成度の高い申告書を作成しています。

経験豊富なスタッフが一貫サポート
書面添付で申告書の適正さを保証

当社では、優先順位として①争族対策、②納税資金対策、③相続税対策の順が、後悔せず納得感が得られる相続の進め方であると確信し、資産税の経験の深いスタッフが相続関係者の意向を真摯に考えながら対応します。

また、緻密な税務調査対策を行い、家族名義預金のように指摘を受けそうなポイントについては、丁寧な説明文書を添付し、可能なかぎり疑念をもたれないように申告書を作成しています。

さらに全ての申告書は、不動産評価に特化した顧問税理士、国税幹部OBの厳しいチェックを受け、税理士が申告書の適正さを保証する書面添付を行っています。

初回無料相談で
相続の不安に丁寧に対応

当社は相談窓口として、ホームページ「浦和相続サポートセンター」と、フリーダイヤルを用意しています。初回1時間無料相談を行っており、ご予約をいただければ、代表の北村と担当スタッフが、当社にて丁寧にお話を伺います。

また、当社が導入している最新鋭の「相続診断シミュレーションシステム」Smileに顧客データを入力することにより、幅広い分析データや対策シミュレーションを作成して提案に役立てています。当社は相続の不安を抱えている方に、分かりやすく丁寧に説明させていただきますので、ぜひお気軽にお問い合わせください。

ヤマト税理士法人

代表者：北村喜久則（税理士／関東信越税理士会浦和支部）
職員数：30名（税理士6名）
所在地：〒336-0022
　　　　埼玉県さいたま市南区白幡4-1-19　TSKビル5階
相続相談窓口　**フリーダイヤル：0120-634-006**
　　　　　　　　　ホームページ：http://www.yamatotax.com/
　　　　　　　　　電子メール：tax@yamatotax.or.jp

東京、神奈川、埼玉13拠点展開の大型会計事務所
相続税申告実績4,000件超のノウハウで都市農家や資産家の相続を支援

ランドマーク税理士法人

清田幸弘代表

ランドマーク税理士法人は、東京、神奈川、埼玉に13拠点を構える大型会計事務所。相続税申告・対策業務に注力しており、相続相談17,000件以上、相続税申告4,000件超の実績がある。

相続税の申告実績4,000件超

　当社が強みとしているのは、資産家、特に地主の方々に対する相続の支援です。事前の相続税対策や遺言書の作成助言はもちろんのこと、相続税の申告・納税、そして二次相続のサポートに至るまで、親身に対応いたします。また、他の税理士が申告した後の申告書を見直すことで、相続税を還付させた成功事例も数多くあります。

　このような還付が認められる事由のほとんどが土地の評価ですが、それぞれの土地の形状や周囲の状況等を総合的に判断しなければならないため、税理士によって見解の相違が大きく、またそれに伴って評価額も大きく変動するという現象が起こります。

　場合によっては課税価格が減少することで、納付するべき相続税額も減少します。その結果、既に支払われている相続税が還付されるのです。

　当社は、開業以来4,000件超の相続税申告実績があり、適正な財産評価には絶対の自信を持っています。

「相続」のお悩み全般を
解決する専門家

平成27年度の相続税増税で課税対象者が拡大することを受け、支店を増設し、相続の無料相談窓口「丸の内相続プラザ」を全店舗に併設しました。各支店では、毎月、最新の税制動向などをご紹介するセミナーを開催し、その後の個別相談会も好評をいただいています。

セミナー後は、事務所のノウハウを凝縮させたメルマガの発信や広報誌の発行といった形で、継続的な信頼関係を築いてまいります。出版物も種々手掛けており、「税金ガイド」や相続の体系的な理解を助けるものから、税制の仕組みを応用した節税策、実務で取り扱った事例に至るまで、幅広いご興味に対応しています。

「相続」の専門家として認識していただいている当社へは、税務以外の法律問題のご相談も少なくありません。顧問弁護士や顧問司法書士との協働により、相続に関するすべての手続きを完結させるワンストップサービスを提供しています。

徹底した組織体制で
顧客をサポート

当社が得意としているのは、相続税分野だけではありません。

個人・法人にかかる所得税や法人税などの申告についても、相続税同様、きめ細やかなサービス提供を徹底しております。毎月必ずご訪問し、ひざをつきあわせた相談対応を行うことで、お客様の事業実態に合わせた、オーダーメイドの経営助言、節税提案に努めております。さらに、各専門家との強力な連携を持ち、お客様には常に最新で高度な専門知識を提供させていただいております。

ランドマーク税理士法人
（東京地方税理士会横浜中央支部）
ランドマーク行政書士法人
㈱**ランドマーク不動産鑑定**
㈱**ランドマークエデュケーション**
㈱**ランドマークコンサルティング**
一般社団法人相続マイスター協会

代表者：清田幸弘（税理士／立教大学大学院客員教授）
職員数：251名（税理士21名）

事務所一覧
タワー事務所・本店（横浜市西区）
東京丸の内事務所（東京都千代田区）
新宿駅前事務所（東京都新宿区）
池袋駅前事務所（東京都豊島区）
町田駅前事務所（東京都町田市）
横浜駅前事務所（横浜市西区）
横浜緑事務所（横浜市緑区）
川崎駅前事務所（川崎市川崎区）
登戸駅前事務所（川崎市多摩区）
湘南台駅前事務所（神奈川県藤沢市）
朝霞台駅前事務所（埼玉県朝霞市）

行政書士法人 中山事務所
（横浜市緑区）
行政書士法人 鴨居駅前事務所
（横浜市都筑区）

お問い合わせ先
URL https://www.zeirisi.co.jp
E-mail info@landmark-tax.or.jp

無料相談予約専用フリーダイヤル
0120-48-7271
ヨハ セツゼイ

相続専門の「相続ラウンジ」で顧客の相談に丁寧に対応
徹底した調査と書面添付で税務調査対策も万全

税理士法人エスペランサ

吉田博幸代表（写真左）、
ふじた美咲副代表（同右）

税理士法人エスペランサは、愛知県内に4拠点を構える。相続専門ラウンジでは、専任スタッフが顧客の相談にじっくり対応し、「想いを叶える相続」をサポート。申告書の品質には徹底してこだわっており、書面添付制度を適用して申告。

愛知県に4拠点を構える 相続支援特化型の税理士法人

税理士法人エスペランサは、現代表の吉田博幸が平成2年に個人事務所として開業し、23年に法人化、現在は岡崎、名古屋、刈谷、東三河に拠点を構え、中小企業の皆様を支援させていただいている会計事務所です。

当事務所は相続専門のオフィス「相続ラウンジ」を構えています。「相続の問題解決は、高い専門性とくつろぎのなかで」をモットーに、相続専門の

税理士5名を中心とした専任チーム体制で、お客様のご支援に取り組んでいます。ご支援の内容は、相続税申告、相続手続き、遺言作成サポート、生前対策など多岐にわたり、ご相談には親身になって的確に、二次相続も考慮しながら対応しています。

相続相談3,000件を超える実績 女性の専門家が親身に対応

代表の吉田は、開業以来、資産税を得意分野とし、30年以上の経験を積んできました。これまでに対応した相

談案件は3,000件を超えています。

こうした豊富な経験を生かし、前述の「相続ラウンジ」を開設したのは平成26年のことです。「相続ラウンジ」では、スタッフの大半が女性で構成され、女性ならではの感性でお客様の状況をじっくりと伺い、丁寧に対応させていただいています。

また、令和2年4月には「相続ラウンジ刈谷」を新たに開設し、日頃税理士や士業と関わりのない方にもお越しいただきやすい空間作りをしています。

お客様からは、「女性の税理士さんに対応してもらい、緊張せずに何度も通うことができました」「女性ならではのきめ細かな対応をしていただき感謝しています」といったお声をいただいています。

品質への徹底したこだわり

当事務所では、相続税額に大きく影響する土地評価に関しては、現地の確認や役所調査などを行い、減額要素の

検討をします。さらに税務署OBと連携し、評価に関して協議するなど、その質的水準の確保に努めています。

また、書面添付制度を適用した申告を行っているため、税務調査の件数が極めて少なく、当事務所の強みとなっています。

想いを叶える相続を支援

「相続ラウンジ」では、個別相談予約専用のフリーダイヤルを開設しています。平日の夜間や、土日祝日であっても、事前に予約をしていただければ、対応いたします。

初回相談は無料で対応するほか、「相続プレミアムクラブ会員」にご登録いただきますと、年1回の無料相談（60分程度）もご利用いただけますので、お気軽にお問い合わせください。

私たちは、事務的な「相続手続き」を行うのではなく、お客様のお話をじっくりと伺い、一人ひとりの想いや意向を汲み取った「想いを叶える相続」のお手伝いをさせていただきます。

税理士法人エスペランサ

代表者：吉田博幸（東海税理士会岡崎支部）
職員数：37名（公認会計士・税理士1名　税理士8名）
所在地：岡崎オフィス（愛知県岡崎市）、名古屋オフィス＆相続ラウンジ（名古屋市中村区名駅）、
　　　　相続ラウンジ刈谷（愛知県刈谷市）、東三河オフィス（愛知県豊川市）
ホームページ：https://souzoku-lounge.com
個別相談予約専用ダイヤル：0120-352-110　mail：souzoku@esp-z.com

相続対策・自社株対策セミナーの人気講師が代表の会計事務所
年間150件の相続税申告実績に基づく高度な提案が魅力

税理士法人オグリ

小栗 悟代表

小栗 悟代表とスタッフの皆さん

税理士法人オグリは、名古屋市に拠点を構える会計事務所。代表の小栗 悟税理士は相続対策や自社株対策の専門家で、多数の著書や講演活動で知られている。年間150件の相続税申告の実績があり、豊富な実績に基づく高度な提案が強み。

資産税を強みに幅広い分野で
資産家・経営者を支援

税理士法人オグリは、税理士の小栗悟が平成4年に設立した税理士事務所です。税理士5名、社会保険労務士、行政書士を含む総勢40名のスタッフが所属しており、相続専門スタッフも6名在籍しています。

当事務所のお客様は、中小企業から上場企業まで、規模も業種も多種多様です。当事務所は相続や事業承継などの資産税を強みとしていますので、オ

ーナー経営者の自社株対策や相続対策などを含む、幅広い分野でお客様をサポートしています。

年間150件の相続税申告で
豊富なノウハウを蓄積

代表の小栗は、銀行勤務の後に税理士の資格を取得しました。大手監査法人で資産税部門の立ち上げに関わった経験があるほか、相続・事業承継に関する書籍の執筆や、講演活動を多数行っています。

現在は年間150件の相続税申告を行

っており、特殊な案件に対する豊富なノウハウを蓄積しています。その結果、特に金融機関などから「相続に強い」という評価をいただいています。

また、複雑な土地評価に始まり、会社法、組織再編税制を活用した最新の事業承継対策のご提案ができることが最大の強みです。

相続の事前対策から申告後のケアまで相続人を長期的に支援

当事務所は相続発生後の手続きだけでなく、生前対策から幅広く対応しており、ご提案から実施、その後のサポートまでを責任をもって行っています。

相続対策を考える場合、相続税や贈与税をはじめとする資産税はもちろんのこと、所得税や法人税、さらには民法、会社法といった幅広い法律の知識が必要です。当事務所はこれまでに積み上げたノウハウにより、多種多様なプランのご提案をいたします。

また、併設している行政書士事務所が遺言書の作成から遺産整理手続きま

で対応し、相続のあらゆる局面でお客様をサポートできる体制を整えています。さらに司法書士、弁護士とのネットワークを生かし、専門的で付加価値の高い業務を提供できます。

自社株対策を無料で提案する相続相談窓口を設置

当事務所では、名古屋本部に相続チームを設置しており、専門のスタッフがお客様の相談に応じています。

相続を初めて経験される方の不安が少しでも解消するように、丁寧にお手伝いをさせていただきます。また、相続が「争族」とならないために、事前の相続対策のご相談をしていただくことをお勧めしています。

初回のご相談、自社株対策のご提案などは無料ですので、ぜひお気軽にお問い合わせください。

税理士法人オグリ

代表者：小栗悟（税理士／名古屋税理士会岐阜北支部）
職員数：40名（税理士5名）
所在地：〒460-0002
　　　　愛知県名古屋市中区丸の内一丁目16-15
　　　　名古屋フコク生命ビル6F
ホームページ：http://www.otc-oguri.com/
相続相談窓口：052-222-1600

関与先1,500件以上の大型会計事務所グループ
税制を駆使した高度な提案で経営者や資産家を支援

税理士法人コスモス

35年の実績と信用
私たちにお任せください!

税理士法人コスモスは名古屋、東京、福岡に拠点をもつ大型会計事務所グループ。
相続の支援に特化した資産税チームを擁し、税制を駆使した高度な自社株対策や
事業承継対策の提案を得意としている。

1,500件の関与先をもつ
大型会計事務所グループ

　税理士法人コスモスは、会計事務所や経営コンサルティング会社などで構成されるコスモスグループの中核部門です。公認会計士の野田賢次郎が昭和57年に開業した会計事務所が母体となっており、税理士法人に組織変更をしたのは平成15年です。現在は、2名の公認会計士、9名の税理士を含む約50名のスタッフが所属しています。

　当事務所のお客様は、中堅・中小企業を中心に約1,500件あり、税務やコンサルティングを中心に、あらゆる業種を幅広く支援させていただいています。そのため、当事務所には中堅・中小企業の経営者、上場会社の社長や会長、資産家の方から、相続対策、事業承継のご相談が多く寄せられています。最近では、開業医の先生や医療法人などのお客様も増えています。

開業以来一貫して
相続支援業務に注力

　代表の野田は、開業以来一貫して、

相続対策支援に力を入れてきました。大規模な案件の申告を多数扱っており、現在も毎年30件以上の申告案件を扱っています。

私たちは相続が開始してからの申告業務だけでなく、生前の相続・事業承継対策にも力を入れています。特に創業者や企業オーナーのための自社株対策については多数の実績を積み重ねています。当事務所はこの分野において業界のトップクラスの実績があり、お客様からも大変高く評価していただいています。

また、税務調査があったときには、最後まで粘り強く対応しており、その姿勢に感動すると仰ってくださるお客様もいらっしゃいます。

次世代への自社株の スムーズな承継を実現

当事務所は自社株対策、事業承継対策を得意としています。合併、会社分割、株式移転、株式交換などの企業組織再編税制、グループ法人税制などを活用し、放っておくと高額になる自社株を次世代へスムーズに承継できるようにご提案しています。

また、個人のお客様には生前に相続税の概算計算を実施し、相続税額、納税方法、遺産分割など、あらゆる角度から総合的なご提案をしています。

資産税に特化した資産税チームが あらゆる相談に対応

当事務所には資産税に特化した資産税チームがあり、相続専門窓口も開設しています。財産総額10億円以上の経営者の方から、1億円弱の個人のお客様まで、幅広く対応させていただいています。

相続は、事前の対策が大切です。相続税の簡易試算、生前贈与の活用方法のご提案や遺言書の作成などもお手伝いしていますので、ぜひお気軽にお問い合わせください。初回の相談は無料にて承ります。

税理士法人コスモス
グループ代表者：野田賢次郎（名古屋税理士会名古屋中支部）
代表社員：鈴木成美（名古屋税理士会名古屋中支部）
代表社員：三好茂雄（九州北部税理士会博多支部）
社員：田口博司（東京税理士会上野支部）
社員：辻村哲志（名古屋税理士会名古屋中支部）
職員数：約50名（公認会計士2名、税理士9名、他スタッフ）
所在地：名古屋本部（名古屋市中区）、東京本部（東京都台東区）、福岡支部（福岡市博多区）
ホームページ：
http://cosmos-gr.co.jp（税理士法人コスモス）
http://cosmos-gr.co.jp/shisanzei/（税理士法人コスモス資産税チーム）
相続相談窓口：名古屋本部 052-203-5560㈹　福岡支部 092-474-0313㈹

静岡県屈指の大型会計事務所グループ
相続の専門部隊が手厚い顧客支援サービスを提供

相続手続支援センター静岡
イワサキ経営グループ

岩﨑一雄会長（左）と
吉川正明社長（右）

イワサキ経営グループのスタッフの皆さん

イワサキ経営グループは、静岡県沼津市と静岡市に拠点を構える大型会計事務所グループ。相続業務だけを行う専門部隊を有しており、相続税申告で年間160件、相続税のかからない相続手続支援でも年間400件という大きな実績をもつ。

静岡県に展開する
大型会計事務所グループ

　イワサキ経営グループは、税理士の岩﨑一雄が昭和48年に開業した会計事務所で、静岡県沼津市と静岡市に事務所があります。スタッフ総勢100名で、お客様のさまざまな課題をワンストップで解決する体制を整えています。

　また、当事務所は個人の確定申告を毎年1500件近く行っており、その中でも特に不動産賃貸業や農業などで全体の5割を占めます。そのほかにも、資産家や投資家に対するコンサルティング、相続対策などにも力を入れています。

相続手続支援年間400件
相続税申告年間160件の実績

　当事務所は相続業務に30年以上取り組んできた歴史があり、その営業ノウハウ、品質ノウハウを求め、全国から多くの同業者が会社見学に来られます。また、近年は、相続税申告については静岡県外からのご依頼も増え、多くのお客様からも厚い信頼をいただい

ております。

相続手続支援と相続税申告の
専門部隊を設置

当事務所の大きな特長は相続の専門部隊を持っていることで、そこに所属するスタッフは、相続業務だけを行っています。専門スタッフの数は20名で、資産税に強い税務署OB税理士も2名所属しています。

また、一口に相続といっても、相続税申告業務と、相続税のかからない相続手続支援業務は内容が異なりますので、そこもさらに部門を分けて業務を行っています。そのため、相続税がかからない方にも、手続支援業務を通じてしっかりとサポートをさせていただいています。

また、相続税申告においては、税務調査が入る可能性が大幅に下がる書面添付制度をすべてのお客様に導入しています。資産税専門の税務署OB税理士が、可能なかぎりお客様に有利になる申告書を作成し、なおかつ税務調査

の極めて少ない申告を実現しています。

こうした当事務所の体制は、おかげさまで金融機関や取引業者様から高く評価していただいています。そして、「相続に強い事務所」として、多くのお客様を紹介していただいています。

相続専門相談窓口を設置

当事務所は、相続専門の相談窓口として、「相続手続支援センター静岡」のフリーダイヤル（0120-39-7840）をご用意しています。

こちらにお問い合わせをしていただくと、相談員が丁寧に対応いたします。相続の相談は毎月50件以上いただいており、経験豊富なスタッフが、お客様の心配を少しでも軽減できるよう努めます。

電話だけでは個別の相談までは伺えませんので、お問い合わせいただいたあとは、当事務所へ来ていただくか、相談員がお客様の許へ訪問します。その際の相談は全て無料ですので、お気軽にお問い合わせください。

相続手続支援センター静岡（イワサキ経営グループ）
代表者：岩﨑一雄（東海税理士会沼津支部）、吉川正明
職員数：100名
所在地：本社（静岡県沼津市）、支社（静岡県静岡市）
ホームページ：
　相続手続支援センター静岡　http://www.souzoku-shizuoka.jp/
　税理士法人イワサキ相続税申告専用　http://www.souzokuzei-shizuoka.jp/
相続相談窓口：フリーダイヤル　0120-39-7840

顧客とともに未来を築くパートナー
相続税対策、事業承継対策で納得の提案

長谷川清太 税理士事務所

長谷川清太代表

静岡市駿河区にある現代的なオフィス

長谷川清太 税理士事務所（静岡県静岡市）は、長谷川清太税理士が代表を務める会計事務所。土地を所有する個人資産家の相続税対策、中小企業経営者の事業承継支援において豊富な実績をもつ。丁寧なコミュニケーションと顧客満足の追求を信条としており、きめ細かな相談対応と提案力に定評がある。

不動産割合の多いオーナーの支援に取り組む会計事務所

　長谷川清太 税理士事務所は、平成9年に静岡市駿河区で開業して以来、22年にわたり、地元の経営者や資産家の皆様のご支援をしてきました。

　代表の長谷川は大手監査法人で経験を積んだ経営支援の専門家であり、「企業の健全な成長発展に寄与し、経済社会の基盤構築に貢献する」という理念を掲げています。

　私たちは、税務や会計はもちろんのこと、経営者様が最善の判断をしていただけるように、経営上の情報提供をすることに力を入れています。

　当事務所のお客様は静岡市近郊の建設、医療・福祉、飲食などの業種が中心で、コストの徹底見直しや通院分析、商品別限界利益分析など、専門分野におけるさまざまなサポートを得意としています。

　長年、この地域で経営まで踏み込んだご支援を続けてきた結果、事業承継

のご相談を受ける機会が増え、相続・事業承継支援のノウハウを蓄積してきました。

また、お客様のなかには不動産割合の多いオーナーなどの個人資産家の皆様も多くいらっしゃり、不動産が絡む相続の案件も多数こなしています。

安心の相続税対策、万全の事業承継対策を提案

当事務所の主要なサービスのひとつが、相続税対策です。相続税が心配だが、どう備えればよいのか悩んでいらっしゃる個人資産家の方は多いと思います。私たちは、現行の税法に適した最善の対応策をご提案いたします。実際に相続が発生してしまうと、できることは限られてしまいます。早めに行動をすればするほど、有効な対策を立てることができますので、当事務所への相談をご検討ください。

もうひとつの主要なサービスは、事業承継対策です。会社オーナーのご子息への事業承継は、営業上の承継自体が大変な取り組みになります。それに加えて、税金面でも思いがけない金額が発生することがありますので、長期的視点に立った対策は必須といえます。私たちは、お客様との長いお付き合いのなかで、M&Aを含めて事前に行える最善の方策をご提案いたします。

いずれのサービスにおきましても、目先の利益ではなく、長期的視点に立ったご提案をしますので、お客様からは何年経っても、「あのときはありがとう」と感謝していただいています。

専門スタッフが相続の相談に対応

当事務所は、事業承継や相続にお悩みの経営者、資産家の皆様のために、相続相談窓口を設けています。

ご連絡いただければ、専門知識を持つスタッフが、相談内容を丁寧にお伺いします。そして、「お客様の満足が私たちの満足」をモットーに、心の底からご満足いただけるご提案をさせていただきます。

長谷川清太 税理士事務所
代表者：長谷川清太（東海税理士会静岡支部）
職員数：18名（税理士1名）
所在地：〒422-8041 静岡県静岡市駿河区中田3-11-21
ホームページ：http://www.e-hase.com
相続相談窓口：電話 054-203-6005
メール hasegawa@fuji-con.net

長谷川先生とスタッフの皆さん

中部地方に6つのオフィスを構える大型会計事務所グループ
豊富なノウハウの蓄積にもとづき顧客の課題を総合的に解決

ミッドランド税理士法人
ミッドランド・アライアンス

石川 誠代表（岡崎）

河合秀俊代表（豊田）

齋藤孝一代表（名古屋）

古川吉宏代表（三重）

永田文康代表（岐阜）

天野卓男代表（刈谷）

ミッドランド・アライアンスのスタッフの皆さん

ミッドランド・アライアンスは、愛知、三重、岐阜の3県にある6つの会計事務所で構成された大型会計事務所グループ。相続案件を年間約200件、合計1000件以上取り扱っており、豊富なノウハウの蓄積にもとづく高い課題解決力が強み。

東海3県に展開する
大型会計事務所グループ

ミッドランド・アライアンスは、「中部地方（MIDLAND）の中小企業を支援し、中部経済の活性化に貢献し、もって日本全国の活性化に繋げよう」という理念のもと、平成24年9月に東海3県（愛知、三重、岐阜）の5つの会計事務所が参加して結成されました。

現在では6つの会計事務所が参加しており、税理士・税理士有資格者44名を筆頭に、多数の士業、専門家が在籍しています。スタッフ数は、アライアンス全体で総勢約300名です。

1000件以上の相続案件に対応した豊富なノウハウを蓄積

私たちは、相続・事業承継対策を得意分野としています。アライアンス結成後、相続案件を年間約200件、合計1000件以上取り扱っています。膨大な数の案件に対応した経験を蓄積しており、それにもとづく節税ノウハウには大きな自信があります。

また、会社経営者や後継者向けのセミナーなどを行い、事業承継に関するさまざまな情報を提供することで、たくさんの経営者の方から支持していただいています。

6つの税理士法人が連携し、相続のあらゆる問題を解決

私たちの最大の強みは、東海エリアにある6つのオフィス（税理士法人）がアライアンスとして連携することで、総合的かつ高度な問題解決を可能としていることです。

一口に相続対策といっても、相続税の申告だけでなく、事前の相続対策、事業承継対策、民事信託やM＆Aを活用したサポートなど、その内容は多岐にわたります。ひとつの事務所が、これら全てについてアドバイスをすることは容易ではありません。

当アライアンスの6つのオフィスは、それぞれ得意分野をもっています。お客様からご相談があった際は、その事案に最も適したオフィスが対応したり、相互に連携することでハイレベルな対応をし、問題を総合的に解決します。

もちろん各オフィスでは、入念なヒアリングを行い、相続人の思いに寄り添った細やかな気配りをしたアドバイスを心がけています。

相続の悩みは最寄りのオフィスへ

私たちにご相談をご希望の場合は、フリーダイヤル（0120-310-374）におかけいただくか、最寄りのオフィスの相談窓口までお問い合わせください。

北海道・東北
東京
関東
東海
信越・北陸
近畿
中国・四国
九州・沖縄

ミッドランド税理士法人

名古屋オフィス
名古屋市中村区名駅3-28-12
大名古屋ビルヂング21F
名古屋税理士会中村支部
相談窓口 0120-029-299

豊田オフィス
愛知県豊田市三軒町7-63-5
東海税理士会豊田支部
相談窓口 0120-361-835

岡崎オフィス
愛知県岡崎市葵町3-1
東海税理士会岡崎支部
相談窓口 0564-24-5678

岐阜オフィス
岐阜県岐阜市加納城南通
2-22-1
名古屋税理士会岐阜南支部
相談窓口 058-273-1511

三重オフィス
三重県四日市市安島2-1-1
丹羽ビル2F
東海税理士会四日市支部
相談窓口 0120-201-512

刈谷オフィス
愛知県刈谷市幸町2丁目3-3
東海税理士会刈谷支部
相談窓口 0800-555-3039

不動産のプロと相続専門税理士が総合的な相続対策を提案
生前対策から相続後のサポートまでワンストップで支援

株式会社ローズパートナー
久野綾子税理士事務所

松浦平憲代表取締役

久野綾子取締役

株式会社ローズパートナー（愛知県名古屋市）は、不動産の相続に関する総合的な相続対策を提案・支援するプロ集団。会計事務所を併設し、年間1500件の相続事前対策、年間70件の相続税申告をこなしている。税理士、行政書士、宅地建物取引士などのスタッフが、遺言作成や信託などの生前対策から相続後の申告、名義変更、不動産の売却・活用まで、トータルサポートを提供している。

不動産のプロと税理士が組んだ
相続専門事務所

ローズパートナーは、不動産のプロである代表の松浦平憲と、相続専門の税理士である副代表の久野綾子がタッグを組み、5年前に誕生した相続専門事務所です。税理士、行政書士、宅地建物取引士、マンション管理士などの資格者を含む、総勢14名のスタッフが所属しています。

代表の松浦は大手ハウスメーカー勤務を経て23年、副代表の久野は大手税理士法人の資産税部門を経て17年の経験を積んでいます。相続に付きものの不動産の処理に関するコンサルティングを中心に、相続対策を総合的にサポートしています。

不動産の活用も含めた
総合的な相続対策を提案

当事務所は、年間約1500件の相続

事前対策、年間約70件の相続税申告を扱っています。相続・不動産に関するセミナーや研修も年間約120件こなし、FMラジオのパーソナリティーとして相続・不動産について発信もしています。

不動産の相続を税務面からアドバイスするだけでなく、その不動産の売却、建築といった活用法の提案まで、総合的な支援をいたします。お客様のご都合に合わせて、土日・夜間も柔軟に対応できるところも強みのひとつです。

生前対策から相続後まで
状況に合わせたサポート体制

当事務所の大きな特徴は、生前対策から相続後まで、不動産に関するワンストップサービスが提供できることです。

生前のご相談であれば、現状を把握したうえで具体的な対策をご提案いたします。不動産についてしっかりアドバイスし、円満円滑な相続のために遺言や信託のお手伝いもしています。

相続後のサポートについては、相続税申告だけでなく、各種名義変更の支援、不動産の売却や活用など、お客様の状況に合わせたご提案をいたします。

無料で相談できる窓口を設置

当事務所の相続相談窓口では、代表の松浦や税理士の久野がお問い合わせに応じています。

相続を初めて経験される方のご相談にも丁寧に、わかりやすくご説明するように努めています。初回相談は無料ですので、ぜひお気軽にお問い合わせください。

久野の著書『相続貧乏になりたくなければ親子でこまめに贈与しましょう』『相続貧乏になりたくなければ親の家を賢く片づけましょう』（ともにアチーブメント出版）がご相談のきっかけという方も多くいらっしゃいます。

親族間の争いのない、円滑な相続実現のためにも、相続事前対策をしていただくことを強くお勧めしています。

株式会社ローズパートナー

代表者：代表取締役 松浦平憲
取締役 久野綾子（税理士／名古屋税理士会名古屋東支部）
職員数：14名（税理士1名、宅地建物取引士1名）
所在地：〒461-0004
愛知県名古屋市東区葵3-4-4 サミクラウス車道6階
ホームページ：http://www.rosepartner.net
相続相談窓口：フリーダイヤル 0120-124-011

70年近い歴史を持つ老舗会計事務所
愛知県刈谷市近郊の経営者・資産家を手厚く支援

渡部薫夫税理士・行政書士事務所

渡部薫夫代表

相続案件に精通するスタッフの皆さん

渡部薫夫税理士・行政書士事務所（愛知県刈谷市）は、開業から70年近い歴史を持つ老舗会計事務所。刈谷市近郊の事情に精通しており、相続・事業承継に関する豊富なノウハウを有する。相続に対する顧客の不安を和らげ、無駄な税金を1円たりとも払わずにすむように徹底サポート。

70年近い歴史を持つ
地域密着型会計事務所

渡部薫夫税理士・行政書士事務所は、69年の歴史をもつ会計事務所です。先代が昭和26（1951）年に開業し、現在は税理士の渡部薫夫が代表を務めています。社会保険労務士1名を含む9名（うち、税理士登録予定者が1名）という体制で、愛知県刈谷市近郊の経営者、資産家の皆様を支援しています。

当事務所のお客様は、製造業が盛ん

な土地柄もあり、自動車関連企業や不動産賃貸業が中心です。これに加えて、昨今ではドクターの開業支援など、他業界のお客様のお手伝いをさせていただく機会が増えてきました。

相続は人生の一大事ですので、やはり地元に事務所を構えていて、信頼できる相談相手を探しておられる方が多いようです。当事務所は刈谷市で70年近く相続支援に取り組んでいますので、この地域ならではのノウハウを豊富に蓄えており、安心してご相談いた

だけます。当事務所の年間の相続税申告件数は約30件で、それに付随して、贈与税や譲渡所得税の案件も多く扱っています。

ご支援をしたお客様の声は、当事務所の相続税専門サイト「相続あんしん.net」（http://www.souzoku-anshin.net/）に掲載していますので、ぜひご覧ください。

課税庁との交渉に万全の対策
書面添付も積極的に活用

私たちは、①に円満な相続、②に納税資金の確保、③に節税対策を心がけております。そして、お客様の相続の悩みを可能なかぎり軽くすること、無駄な税金は1円たりとも支払わずにすむようにすることを重視しています。

財産評価（特に土地の評価）の際には、必ず現場に赴き、合法であることを前提としつつも、無駄な税金を支払わずにすむように最大限の検討を行います。財産評価には判断の難しいグレーゾーンもありますが、お客様にご安心していただくために、課税庁との交渉を綿密に行っています。

当事務所では、お客様のご了解のもと、財産の調査や評価の方法などを記載した「書面添付」を積極的に活用しています。課税庁は書面添付の内容を尊重しますので、臨場調査件数が年に1〜2回程度に大きく減少するという成果を挙げています。

このほかにも、事業承継支援の一環として、経営者の皆様のために「後継者塾」を開催しています。塾を中心とする活動により、後継者の方々が自信をもって経営に携われますよう、心のこもったサポートをしています。

他士業とも連携し
さまざまなご相談に対応

相続に関するご相談は、いつでも初回は無料で応じています。相談の門戸は、温かく開いています。

司法書士、弁護士、不動産鑑定士、宅建士の方々と連携しており、さまざまなご相談に応じられるようにしています。相続への不安が和らぐ相続セミナーを年に数回開催しており、その場で相談も受けています。ご興味があればぜひお問い合わせください。

渡部薫夫税理士・行政書士事務所

代表者：渡部薫夫（税理士/東海税理士会刈谷支部・行政書士/愛知県行政書士会碧海支部）

職員数：8名（社会保険労務士1名）

所在地：〒448-0857
愛知県刈谷市大手町1-50

ホームページ：https://www.office-ote.com/

相続税専門サイト：
http://www.souzoku-anshin.net/

相続相談窓口：0120-23-0095

女性代表ならではの細やかなサポートが持ち味の会計事務所
誰もが笑顔になれる緻密な相続事前対策を推進

Art税理士法人

株式会社 未来アートブック／一般社団法人 グレイスライフ
東京・新潟スマート相続事業承継支援センター

渡邉信子代表

Art税理士法人看板犬グレイス

ARTコンサルティンググループは、Art税理士法人を中心として新潟と東京に拠点を構えています。代表の渡邉信子税理士は多様な専門資格を保持する相続支援の専門家。女性ならではの丁寧で細やかなサポートと、税務にとどまらない幅広い視野が強み。円満相続実現のため、遺言や信託などの事前対策に力を入れています。

女性代表ならではの
細やかな対応が持ち味の事務所

Art税理士法人は税理士の渡邉信子が平成10年に開業した会計事務所です。事務所には、代表の渡邉を含む2名の税理士、総勢9名のスタッフが所属しています。

当事務所は、「中小企業や資産家のみなさまのホームドクター」を目指し、お客様との信頼関係を大切にしています。また、女性が代表の事務所ならではの、

丁寧で細やかなアドバイスを強みとしています。相続や事業承継のご支援に関しても、相続税法の改正、民法の相続に関する改正など、最新の法律に則ったうえで、迅速かつ的確な対応に努めています。

相続の問題を
様々な角度から解決

代表の渡邉は、新潟大学で法律を学び、税理士だけでなく行政書士の資格も取得しています。また、ファイナンシャルプランナー及びM&Aシニアエキスパート

の資格も有していますので、相続税の申告だけではなく、事業承継前後の経営展開や、経営者様のライフプランまで、幅広くご支援が可能です。新潟日報カルチャースクールなどで、相続に関する講座も開講しています。

関連法人の一般社団法人グレイスライフでは、遺言や成年後見、信託に関するご支援も行っています。被相続人だけでなく、相続人を含む多くの人が全員笑顔になるように、準備の段階から関わらせていただいています。

「笑顔としあわせのたねをまく〜つながりを作ろう、家族になろう、未来を創造しよう」をコンセプトとしています。

相続の迷いを解消する
セカンドオピニオン

代表の渡邉は、相続税申告業務に精通しているのはもちろんのこと、女性ならではの感性や、数多くの資格や経験にもとづく視野の広さが強みです。

病気の治療で悩んだときには、複数の専門家に見解を聞くセカンドオピニオンが一般的になっています。相続への対応で悩んだときにも、当事務所をホームドクターとしてご活用ください。

「のぶこ先生と一緒に考えよう！」。「ちょっと相談に乗ってほしい」「別の角度からのアドバイスがほしい」「今さら聞けないことを教えてほしい」など、気軽に声をかけていただければ嬉しいです。

円満相続の実現に向けて
まずはお問い合わせを

当事務所は相続相談センターを設置しており、代表の渡邉やベテランスタッフが、お客様の相談に応じています。初回相談は無料ですので、ぜひお気軽にお問い合わせください。

相続は、事前の準備が重要です。私たちは前述の生前対策だけでなく、家系図の作成や人生の振り返りなど、本当に大切なことを見つけるお手伝いもしています。笑顔としあわせの相続の第一歩として、ぜひ私たちにご相談ください。

Art税理士法人（ARTコンサルティンググループ）

代表者：渡邉信子（税理士／関東信越税理士会新潟支部）
職員数：9名（税理士2名）
所在地：〒950-0916　新潟県新潟市中央区米山5番7号
相談センター：東京センター　東京都文京区本駒込5-30-5（株式会社未来アートブック）
　　　　　　　　新潟センター　新潟市中央区堀之内50番地11（一般社団法人グレイスライフ）
ホームページ：https://art-taxoffice.tkcnf.com/
相続相談窓口：電話 025-242-3201

地域に根ざす、新潟県屈指の大型会計事務所
豊富なノウハウに基づく提案力と多様な専門家を揃える手厚い体制が強み

税理士法人 小川会計
小川会計グループ

小川 健代表

スタッフの皆さん

税理士法人小川会計は、新潟県全域に展開する大型会計事務所。創業以来高度なサービスの一つとして相続支援を行っており、5年間に400件超の支援実績を誇る。専任の担当者による専門的かつ丁寧な支援が持ち味。

新潟に根ざす
大型会計事務所

税理士法人小川会計は、代表社員・税理士の小川 健が昭和54年に開業し、平成17年に法人化した会計事務所です。新潟市内に3つの本支店を構え、代表社員を含む8名の税理士、総勢70名のスタッフがお客様をご支援。平成31年に創業40周年を迎えました。

当社のお客様は個人事業主から中堅企業まで幅広く、エリアは地元新潟市を中心に、新潟県内全域に広がります。

業種は医業、建設業、農業が多い傾向です。通常の会計・税務のほか、給与計算や人事労務、経営計画支援やMAS監査など、地域の発展のためにと総合的かつ高度なご支援に努めてきました。

5年間に400件超の
豊富な相続支援実績

相続支援には創業以来長年取り組み、実績を伸ばしてきました。申告の他、生前対策にも力を入れています。当社は法人の税務顧問のお客様が多いこと

から、事業承継まで視野に入れた経営者向けの提案を数多く手がけています。おかげさまで直近5年間に、相続税申告と相続対策支援を合わせて400件超という、新潟県内ではトップクラスの実績を挙げられるまでになりました。

また近年「一般社団法人小川会計相続支援センター」を設立。相続診断士5名が、相続時のトラブルを防ぐ遺言書の作成支援を行っています。お客様からは「詳しく教えてもらえた」等のお声を頂いています。

手厚い専門家体制で
相続人を支援

当社では、長年相続に携わったベテラン税理士やスタッフが、的確で丁寧な対応を心がけています。国税OB税理士も在籍し、申告書のチェックから税務調査対応までしっかり行います。常に経験・ノウハウを共有しながら、お客様に最適なご支援ができるように努めています。

さらに、司法書士・弁護士などの他士業とも連携していますので、不動産の相続登記や売却等アフターフォローまで対応できます。

丁寧にお話をお伺いします

経験豊富な当社の税理士やスタッフに、お客様のお話をお聞かせください。初回相談は無料です。

特に、生前の相続対策を支援する「小川会計相続支援センター」はフリーダイヤルもご用意しています。女性の相談員が、元気・丁寧にお客様のお話を伺います。いつでもお気軽にお問い合わせください。

争続・争族なく、ご家族皆様が納得できる円滑な相続のお手伝いをさせていただきます。

北海道・東北

東京

関東

東海

信越・北陸

近畿

中国・四国

九州・沖縄

税理士法人 小川会計

代表者：小川健（税理士／関東信越税理士会新潟支部）

職員数：70名（税理士8名）

所在地：〒950-0812 新潟県新潟市東区豊2-6-52（本店）

ホームページ：https://www.ogawakaikei.co.jp/

代表電話：025-271-2212

遺言相談窓口：小川会計相続支援センター 0120-17-0556

本店の小川会計ビル

2,000件の相続申告実績を持つ老舗会計事務所
先端技術と豊富なノウハウを駆使して相続問題を円満解決

税理士法人ソリマチ会計
相続手続支援センター新潟第1

反町秀樹代表

相続手続支援センター新潟第1スタッフの皆さん

税理士法人ソリマチ会計（新潟県長岡市）は、新潟県で2番目に設立された老舗会計事務所。延べ相続申告2,000件という突出した実績を持ち、相続問題を円満に解決する豊富なノウハウを持つ。グループ会社には、業務システムメーカーとして全国的に有名なソリマチ株式会社がある。

新潟県で2番目に設立された歴史ある会計事務所

　税理士法人ソリマチ会計は、新潟県で2番目に開業した会計事務所で、長岡市に本社があります。税理士・社会保険労務士・行政書士・不動産鑑定士だった創業者が1955年3月に設立して以来、60年以上にわたり県内外のお客様のご支援を続けてきました。現在は、代表税理士を含む4名の税理士と、社会保険労務士・行政書士を中心に、通常の税務・会計はもちろん、IT関連技術を駆使した専門サービスまで幅広く展開しています。

先端技術と60年のノウハウを活用して相続問題を解決

　「経理は会社を良くするもの」というのは当事務所の創業者の思いであり、私たちは現在もその考え方を大切に継承しています。中小企業の税務や会計のご支援に始まり、相続の申告もこれまでに約2,000件手掛けています。近年の相続においては、遺産分割時における争いが少なくありません。お客様が笑顔で相続を済ませるために、当事務所では税理士が中心となり、あらゆる角度からご支援をしています。

また、発生した相続への対応とは別に、生前対応としてエンディングノートの作成をお勧めしており、作成した方々からはご好評を頂いています。

当事務所では、グループ関連企業が中心となり、近年注目されているRPA（仮想知的労働者による業務自動化）などの先端技術の研究と活用に徹底して取り組んでいます。そしてIT会計事務所として、お客様には最先端のサービスを提供しています。重要なデータの収集や保管、情報の加工から税務申告に至るまで、あらゆるIT技術を駆使しながら、適正かつお客様に信頼していただける相続税申告を実現しています。

一方で、お客様が特に心配される税務調査に関しても、月次監査から申告に至るまで、不備を根絶するマニュアルを完備しており、万全の対策を講じています。さらに、過去に6名の国税OB税理士が在籍していた経緯から、万が一の税務調査対応のノウハウも豊富に蓄積しており、申告是認に対する取り組みを高く評価していただいています。

気軽に相談できる無料相談窓口を設置

当事務所には、相続専門部門である相続手続支援センター新潟第1があり、初回無料相談窓口を設置しています。同センターでは、専門の相談員が、相続発生時のさまざまな手続きや、相続税の申告、その後の対応に至るまで、多様な士業と連携しながらサポートをしています。

いざ相続が発生すると、何をすればよいのか途方に暮れるのが普通ですし、近年では一般のサラリーマン家庭の方々も、相続問題と無縁ではなくなりました。どんなお悩みをお持ちでも、当センターにお問い合わせいただければ、お客様の意向を丁寧に整理し、相続をスムーズに進められるようにご支援いたします。

新潟市には相続診断士会新潟支部を立ち上げており、相続の無料相談会や相続セミナーなどを開催しています。開催予定のご案内をいたしますので、近隣にお住まいの方は、お気軽に当センターまでお問い合わせください。

税理士法人ソリマチ会計（ソリマチグループ）

代表者：反町秀樹（税理士／関東信越税理士会長岡支部）
職員数：40名（税理士4名、社会保険労務士、行政書士）
所在地：〒940-0056　新潟県長岡市呉服町2-2-33　ソリマチ第1ビル
ホームページ：https://www.sorimachi-keiei.co.jp
相続相談窓口：電話番号0258-36-2510（当社HPよりメールにて相談可能）

相続手続支援センター新潟第1

相談員代表：横田靖男
所在地：〒950-0084　新潟県新潟市中央区明石1-7-17　ソリマチ第7ビル6F
ホームページ：https://www.sozoku-tetsuzuki.jp
相談窓口：電話番号025-255-1600

50年の歴史を持つ京都の老舗会計事務所
万全の相続・事業承継支援で金融機関からの依頼多数

税理士法人 久保田会計事務所

久保田博之代表

相続や経営支援など多様な専門家が在籍

税理士法人 久保田会計事務所(京都市中京区)は、開業から50年以上の歴史を持つ老舗会計事務所。相続支援に強い事務所として長年地域で活動をしており、これまでに扱った相続税申告案件数は430件を超える。代表の久保田博之税理士は相続支援の専門家であり、専門書を上梓するなど啓発活動にも積極的。

50年の歴史を誇る
老舗会計事務所

　税理士法人 久保田会計事務所は、1967年に開業した個人事務所を母体とする会計事務所で、50年を超える歴史と実績があります。事務所には代表の久保田博之を筆頭に6名の税理士が所属しており、総勢24名で業務にあたっています。

　当事務所は事業部制を敷き、お客様に高度で専門的なサービスを提供して

います。財務事業部では個人・法人の税務申告や組織再編のご支援、経営支援事業部ではMAS監査や経営改善、事業承継のご支援、相続支援事業部では相続税や贈与税の申告、相続税の試算対策提案などを行っています。

金融機関からの依頼が絶えない
万全の相続・事業承継支援

　当事務所は開業当初から、相続税申告業務を得意としており、これまでに扱った案件数は430件を超えています

（2019年10月現在）。代表の久保田は相続支援の専門家であり、書籍『これだけは知っておきたい！賢い「相続・贈与」のコツ』（クロスメディア・パブリッシング、2018年）を上梓するなど、相続で失敗しないための啓発活動に力を入れています。

こうした実績の積み重ねにより、近年では金融機関から年間60件以上、相続税申告や事業承継の案件を依頼されるようになりました。

特に事業承継につきましては、3つの事業部が連携し、企業の長期的な成長発展から円満な相続まで、多角的なご支援をして喜ばれています。

また、相続が発生していない方を対象とした、本格的な相続税の試算対策提案（有料）も大変好評です。

顧客を不安から解放する 万全の税務調査対策

当事務所は、法人税申告はもちろん、相続税申告においても、書面添付制度を制度開始時から活用しています。同制度を活用することで、正確な申告書を作成し、提出していることを税務署に示すことができますので、税務調査が発生する頻度を大きく減らすことができます。

万が一税務調査があっても、当事務所は調査対応のノウハウを50年以上積み重ねてきましたので、お客様をしっかりお守りいたします。私たちに安心してお任せください。

相続税の簡易試算ができる 無料相談窓口を設置

当事務所では、相続で悩む方のために、1時間の無料相談を実施しています。また、ご自身の相続税の額が心配な方のために、相続税の簡易試算を無償で行っています。

ご希望の方は、当事務所のホームページに入力フォームがありますので、お気軽にお問い合わせください。フォーム以外にも、電話やFAXでもお申し込みを受け付けています。

税理士法人 久保田会計事務所
代表者：代表社員 久保田 博之（税理士／近畿税理士会 中京支部）
職員数：24名（税理士6名）
所在地：〒604-0886 京都市中京区丸太町通東洞院東入関東屋町671番地
ホームページ：https://www.kubotax.com/（問合せフォームあり）
相続相談窓口：電話 075-222-1234（平日午前9時〜午後5時半）
　　　　　　　FAX 075-222-1240

地元不動産会社と連携して無料相続診断サービスを提供
相続・遺言・事業承継に関する手続きをワンストップで支援

柿迫宏則税理士事務所
（かきざこ）

一般社団法人 岡山相続支援協会

柿迫宏則代表

一般社団法人 岡山相続支援協会の皆さん

柿迫宏則税理士事務所（岡山県岡山市）は、小規模、起業直後の企業を積極的に支援する地域に密着した会計事務所。代表の柿迫宏則氏は、行政書士などの専門家とともに設立した一般社団法人岡山相続支援協会の代表理事も務め、相続・遺言・事業承継に関する手続きの支援を通じて地域社会の発展に貢献。相続に関する簡易診断サービスも無料で提供している。

経営者の悩みに真摯に対応し
良きパートナーを目指す会計事務所

　柿迫宏則税理士事務所は、代表の柿迫宏則が2005年1月に開業した会計事務所です。税理士、社会保険労務士各1名を含む、総勢15名のスタッフが所属しています。

　代表の柿迫は大学卒業後百貨店に就職し、28歳で税理士を目指して転職しました。岡山市内の税理士事務所や公認会計士事務所での勤務を経て独立開業しました。

　当事務所のお客様には、従業員数の少ない会社や創業間もない会社、20代後半から40代前半の比較的若い社長様や個人事業主様が数多くいらっしゃいます。

　会社の規模の大小にかかわらず、税務や労務、人事、資金繰りといった経営者の悩みは共通しています。当事務所は、そのような悩みや疑問に真摯に

耳を傾け、何でも相談していただける良きパートナーとなることを目指しています。

岡山相続支援協会を通じて相続手続きをワンストップで支援

代表の柿迫は、2017年4月に行政書士や財務の専門家とともに一般社団法人岡山相続支援協会を設立し、代表理事に就任しています。相続・遺言・事業承継に関する各種手続きのサポートは、主に同協会で行っています。

現在の相続税申告件数は年間5〜6件です。税理士、相続診断士、行政書士、司法書士、財務の専門家が、相続に関するお悩みをワンストップでサポートいたします。

相続、終活をテーマにしたセミナーを定期的に開催しており、毎回多くの方にご参加いただいています。

相続に関する簡易診断書の無料提供サービスも展開

代表の柿迫が岡山相続支援協会を設立した目的は、相続・遺言・事業承継に関する手続きの支援を通じ、地域社会の健全な発展と住民生活の安定向上に寄与することです。

この目的の達成に向けた情報提供サービスの一環として、相続に関する相談やアドバイス、セミナーや研修の企画・開催などを積極的に行っています。

さらに、地元の不動産会社と業務提携し、相続に関する簡易診断書を無料で提供するサービス「安心相続への備え」を提供しています。

経験豊富なスタッフが対応する無料相談窓口を設置

当事務所は、岡山相続支援協会に相談窓口を設置しています。代表の柿迫や専務理事の梶野をはじめ、経験豊富なスタッフがお客様の相談に応じています。

初めての方のご相談にも丁寧に対応し、わかりやすくお話をすることを心掛けています。どうぞお気軽にご相談ください。

柿迫宏則税理士事務所

代表者：柿迫宏則（中国税理士会岡山西支部）

職員数：15名（税理士1名、社会保険労務士1名）

所在地：〒700-0927　岡山県岡山市北区西古松2丁目26-16
　　　　　上杉第7ビル 102号

ホームページ：http://cap-k.jp

相続相談窓口：フリーダイヤル 0120-007-865

相続相談案件7,000件以上の会計事務所
相続専門チームが税務調査に強いスピード申告を実現

税理士法人タカハシパートナーズ

髙橋 雅和代表

仲村 要税理士

寺尾 大介税理士

郷木 真理子税理士

税理士法人タカハシパートナーズは、広島県と岡山県に拠点を構える会計事務所。10名で構成される相続専門チームを擁しており、相続の相談に累計7,000件以上対応してきた実績をもつ。

相談対応7,000件以上の
実績をもつ相続に強い会計事務所

　税理士法人タカハシパートナーズは、代表の髙橋雅和が昭和61年に開業した税理士事務所です。髙橋を含む4名の税理士、2名の行政書士、2名の宅地建物取引士が所属しており、スタッフ数は総勢34名です。

　当事務所のお客様は、50~60代の中小企業経営者が中心です。それに加えて、個人および法人で賃貸アパートやマンションを経営されているお客様を1,000件ほどご支援しています。私たちは、こうした方々の相続支援に力を入れています。

　代表の髙橋は、大手建設業者の税務顧問を約25年務めており、相続の相談実績は数千件にも及びます。事務所を税理士法人化した現在では、相続専門チーム10名とともに、相続の相談を年間500件以上、累計で7,000件以上扱っています。

　なかでも個人の不動産経営者の法人成りを多く手掛けており、豊富なノウハウを有しています。

当事務所には相続専門のスタッフが10名いますので、福山オフィス、広島オフィスおよび岡山オフィスへいつ相続の相談に来られても、常時対応できる体制を整えています。

税務調査対策の徹底とスピード申告を両立

当事務所の特徴は、第一に税務調査対策を徹底的に行っていることです。

平成27年以降、全ての申告に書面添付制度を採用しています。書面添付制度とは、税理士法第33条の2に規定されている制度であり、この制度を利用する税理士は、申告書に「その内容が正しいということを税務署へ説明する書類」を添付し、申告します。

当事務所では書面添付制度を導入して以降、相続税申告数262件（令和元年9月末現在）のうち、税務調査は1件もありません。

次に、最短1週間からのスピード申告が挙げられます。これは豊富な経験を持つ代表の髙橋と国税OB、そして相続専門スタッフ10名が申告業務を行うことにより可能となります。

いつでも問い合わせられる相続相談窓口を設置

当事務所では、相続の無料個別相談会を福山オフィス、広島オフィスおよび岡山オフィスにおいて毎週行っています。また、全オフィスとも常時、相続専門のスタッフが相続に関するあらゆる相談に対応できる体制を整えています。相続税申告に関する相談につきましては、いつでも無料でお受けいたしますので、どうぞお気軽にお問い合わせください。

相続の事前対策につきましても、「相続対策安心パック」というプランにより、相続税の試算、節税対策、納税資金の確保および「争続」対策等の提案をしています。

また、入会金、年会費無料の「相続安心クラブ」という組織を運営しており、無料セミナーなども定期的に開催しています。

税理士法人タカハシパートナーズ

代表者：髙橋 雅和（中国税理士会福山支部）
職員数：34名（税理士4名、行政書士2名、宅地建物取引士2名）
相続相談窓口：福山オフィス 0120-74-1471
広島オフィス 0120-20-2690
岡山オフィス 0120-16-3210

福山オフィス　広島県福山市西町3-10-37
広島オフィス　広島県広島市東区光町1-12-20
　　　　　　　もみじ広島光町ビル2F
岡山オフィス　岡山県岡山市北区本町6-36
　　　　　　　第一セントラルビル8F
ホームページ：https://www.mt-taxcs.com/

60年近くにわたり広島の法人と個人を支援し続ける会計事務所
専門チームによる多角的な提案、セミナーによる啓発活動が特長

光廣税務会計事務所

光廣昌史代表

セミナーの様子

光廣税務会計事務所は、広島市に拠点を構える会計事務所。豊富なノウハウをもつ相続専門チームがさまざまな角度から軽減対策の提案を行うほか、顧客の長期的な利益を実現するためにセミナーによる啓発活動に力を入れている。

広島県の法人や個人を60年近く支援し続ける会計事務所

　光廣税務会計事務所は、代表の光廣昌史の先代が、昭和36年に創立した会計事務所です。代表を含む5名の税理士、総勢32名のスタッフが所属しています。

　当事務所は多様な業種のお客様をご支援しており、関与先はおもに広島県内の法人300社、個人500名となっています。

関与先との深い信頼関係から相続案件が増加

　当事務所は創業以来変わらぬ誠実な業務を通じてお客様と深い信頼関係を築いており、事業承継や相続対策の相談案件を扱う機会が年々増えています。平成30年の相続税申告件数は62件、平成31年～令和元年は57件です。

　相続に際しては、相続税申告はもちろんのこと、お客様が安心して相続ができるよう、弁護士・司法書士・相続手続きアドバイザー等の専門家と連携し、相続

の幅広い知識をもってお客様のあらゆるニーズにお応えしています。

相続の手続きは、一生に一度か二度しか起こらないうえに、ご遺族にとっては大変な作業となります。当事務所では、株式会社ウィル相続手続支援を開設し、確実かつスムーズな手続きをサポートしていますので、ぜひご活用ください。

相続専門チームが多様な 軽減対策を提案

当事務所は相続税などの資産税の分野を強みとしています。特筆すべき点は、ノウハウを共有する相続専門チーム「財産承継部」が連携し、さまざまな軽減対策を提案できることです。例えば相続対策では、二次相続まで考えたトータルな分割案や、相続人ごとの資金繰りまで踏まえた納税方法をご提案しています。

相続税申告においては、相続財産を正確に把握するために、不動産の評価では現地確認を行い、金融資産については過去の取引履歴により資金の流れを確認し、疑問点を精査したうえで適正な申告を行

っています。

円満な相続を実現する方法を 学べるセミナーを開催

当事務所は、財産承継部を窓口として、ベテランスタッフがお客様の相談に応じていますので、お気軽にお問い合わせください。

円満な相続をするためには、相続が発生する前から計画的に準備をすることが必要です。当事務所では、相続に備えていただくための「家族を幸せにする相続セミナー」を開催し、最新情報をご提供しています。約半年（全6回）かけて相続について学ぶ当セミナーに参加していただければ、相続や贈与の基礎知識に加え、相続にまつわる諸手続きや、遺言対策、家族信託、相続税調査の受け方など、相続に関するあらゆる知識を身につけていただくことが可能です。

このセミナーのなかで、相続税の簡易シミュレーションを無料で実施していますので、ぜひご活用いただき、将来に備えてください。

光廣税務会計事務所
代表者：光廣昌史（代表取締役・税理士／中国税理士会広島西支部）
職員数：32名（税理士5名）
所在地：〒730-0801　広島市中区寺町5番20号
ホームページ：http://www.office-m.co.jp/
相続相談窓口　電話番号：082-294-5000
メールアドレス：sozoku@office-m.co.jp

相続の相談に丁寧に対応

九州最大級の総合士業グループ
納得の土地評価と万全の税務調査対策が強み

税理士法人アップパートナーズ

菅 拓摩代表

豊福陽子税理士

鈴木尊仁税理士

税理士法人アップパートナーズ（本部：福岡県福岡市）は、スタッフ数300名以上、関与先数3000件以上という九州最大級の総合士業グループ。代表で税理士の菅 拓摩を筆頭に、相続・事業承継の専門家を多数擁する。40年以上にわたり相続案件のノウハウを蓄積しており、特に土地評価と税務調査対策に強い。

九州最大規模の
巨大総合士業グループ

　税理士法人アップパートナーズは、昭和52年に税理士の菅村 勉が開業した会計事務所を母体としており、現在は代表社員の菅 拓摩が事業を承継しています。平成20年に内田延佳税理士事務所と合併し、福岡、佐賀、長崎、東京に拠点を構える九州最大規模の総合士業グループを形成しました。

　グループ内には税理士法人のほか、司法書士法人、社会保険労務士法人、M＆A専門会社、生命保険代理店など多様な関連法人があり、スタッフ数は代表の菅を含めて税理士が16名、グループ総社員数は324名です（令和元年11月現在）。

　顧問先様は全国に3000件以上あり、幅広い業種のお客様をご支援しています。

相続・事業承継支援のノウハウを
40年以上にわたり蓄積

　私たちは創業から40年以上にわたり、関与先様の相続や事業承継のご支援をしてきました。相続のご相談は毎年増えており、平成30年の相続相談件数は185件、

過去5年間の累計は800件以上になります。

私たちはこれまで積み重ねてきた膨大なノウハウを生かし、当事務所のお客様だけでなく、他の会計事務所からの依頼にもとづく相続税申告や、事業承継コンサルティングを数多く手がけてきました。

相続する財産に先祖代々の土地や収益不動産があると、遺産分割が複雑になります。その場合、当事務所は税理士だけでなく、司法書士や弁護士など、他士業とも連携しながら、相続人の皆様に納得していただける提案に努めています。

私たちがご支援をしたお客様には、「遺産分割の調停にまで至らず、期限内に相続税の申告ができた。円満に相続を乗り越えられた」と感謝の言葉をいただいています。

強み1 不動産の評価に豊富なノウハウ

私たちは、土地の減価要因の見極めや小規模宅地の特例適用など、不動産の評価に豊富なノウハウを有しています。

自宅が旗状になっている場合や、地積規模が大きな宅地など、不動産の評価方法によっては節税できる可能性がありま

す。そのような場合、私たちにご相談いただければ、節税額で税理士報酬がまかなえたケースが多々あります。

強み2 税務調査に万全の備え

過去の税務調査対応や申告実績から、税務調査の勘所を押さえた相続税申告書を作成します。また、申告書の内容が適正であることを税理士が保証する書面添付制度も導入していますので、税務調査が入る可能性が大きく下がります。

気軽に相談できる 無料相談窓口を設置

当事務所は相続相談窓口を設置しており、相続専門税理士とスタッフが、初回無料でお客様の相談に応じています。

ご相談の結果、私たちがご支援することになった場合は、事前に費用のお見積りをご提示しますので、安心してお問い合わせください。

生前の相続相談や、事業承継の相談にも積極的に対応させていただいています。

税理士法人アップパートナーズ（九州北部税理士会博多支部 法人番号：第1257号）

代表者：菅 拓摩（税理士）
職員数：324名（税理士16名、司法書士3名、公認会計士2名、社会保険労務士15名）
福岡本部：〒812-0013　福岡県福岡市博多区博多駅東2丁目6-1　九勧筑紫通ビル9階
　　　　　佐賀伊万里オフィス（佐賀県伊万里市）、佐賀中央オフィス（佐賀県佐賀市）、
　　　　　佐世保オフィス（長崎県佐世保市）、長崎オフィス（長崎県長崎市）
ホームページ：http://www.upp.or.jp/
相続相談窓口：福岡本部 092-403-5544　メール info@upp.or.jp

北海道・東北
東京
関東
東海
信越・北陸
近畿
中国・四国
九州・沖縄

税理士と不動産鑑定士の資格を持つ相続支援の専門家
豊富な実績に基づき無駄な税金を払わない円満相続を実現

石川公認会計士・税理士・ 不動産鑑定士事務所

石川浩之代表

相続セミナーの講師を務める石川代表

石川公認会計士・税理士・不動産鑑定士事務所（沖縄県那覇市）は、沖縄では数少ない相続・事業承継専門の士業事務所。代表の石川浩之氏は公認会計士、税理士、不動産鑑定士の資格を保持し、資産税分野における累計150件以上の実務経験を持つ。相談者には石川氏が最初から最後まで担当として丁寧に対応する。

所長は公認会計士・税理士・ 不動産鑑定士の資格を保持

　石川公認会計士・税理士・不動産鑑定士事務所は、沖縄では珍しい相続税・事業承継が専門の士業事務所です。所長の石川浩之が、2019年7月に開業しました。

　当事務所は契約だけを所長が担当し、あとの実務は資格を持たないスタッフ任せということはありません。公認会計士、税理士、不動産鑑定士の資格を

持つ所長の石川が、最初から最後まで、責任を持ってお客様を直接担当いたしますのでご安心ください。

資産税に関する150件以上の 実務経験で豊富なノウハウを蓄積

　相続案件は数自体が少ないため、税理士は一般に、一生に30〜40件程度しか関われないといわれています。しかし、石川は資産税（相続税・贈与税・譲渡所得税）分野の実務経験が既に累計150件以上あります。特に相続

税額に大きな影響を与える土地評価に関しては、不動産鑑定士の資格も保有していますので、専門家ならではの高度な提案が可能です。

その一方で、お客様には分かりやすいご説明を心がけており、2次相続シミュレーションや将来の相続税対策も、「親切丁寧で分かりやすい！」とご好評をいただいています。

無駄な税金を払わない 円満相続を実現

当事務所に相続・事業承継の相談をしていただければ、①円満な相続をサポート、②明朗会計、③税務調査に強い、④最大限の節税ノウハウなど、多様なメリットがあります。

なかでも節税ノウハウを強みとしていますが、税額が多少安くなっても「争族」が起きてしまったら本末転倒ですので、お客様の幸せと円満な相続を最優先に考えてサポートしています。豊富な実務経験をもとに、無駄な税金は支払わず、円満相続を実現させるバランスのとれた提案に努めています。

また、あとから高額な請求が来てお客様を驚かせないように、明朗会計を心がけています。お客様からは、「初回面談で相続税の概算金額と税理士報酬の見積りの提示があり安心だった」という声を寄せていただいています。

税務調査対策のノウハウにも定評があり、過去の税務調査率は1％未満（ペナルティはなし）です。

毎月10名限定で 所長が無料相談に対応

当事務所は毎月10名様限定で、相続発生後の相続税申告に関するご相談を初回無料で受けています。お電話でお気軽にお問い合わせください。

なお、ご相談の際には、①相続開始日（お亡くなりになった日）、②相続人様の人数、③相続財産の総額（土地、建物、預金、生命保険、有価証券など。大まかな数字で大丈夫です）をあらかじめまとめておいていただけますと、その後のご対応がスムーズになります。

北海道・東北

東京

関東

東海

信越・北陸

近畿

中国・四国

九州・沖縄

北九州市の企業を支援して半世紀の老舗会計事務所
世代を超える相続対策支援で経営者から圧倒的な支持

税理士法人SKC
（相続贈与相談センター北九州）
SKC会計グループ

堺 俊治代表

原口佳絵税理士

加納誠士税理士

税理士法人SKCは、北九州市戸畑区に拠点を構える老舗会計事務所。創業から50年の歴史をもち、二次相続まで想定した長期的視点に基づく相続・事業承継対策は特に資産家や企業オーナーから支持されている。

50年の歴史を持つ 老舗会計事務所

税理士法人SKCは、昭和44年の創業から昨年で50周年を迎えた会計事務所です。平成29年4月に八幡事務所と門司事務所を統合し、北九州市戸畑区にあるJR九州工大前駅の近くに移転しました。

当事務所には、グループ会社として経理代行の法人と経営コンサルティングの法人があり、スタッフ数はグループ全体で42名、税理士は代表の堺俊治を含めて5名が在籍しています。

当事務所は多様な業種のお客様の税務顧問をしていますが、北九州という地域性から、製造業のお客様が多くいらっしゃいます。歴史の長い顧問先や、自社株が高い顧問先には、相続対策のフォローをしっかり行っています。

経営者に喜ばれる 二次相続まで想定した対策

私たちは、相続税の申告を年間20～30件行っています。また、相続税対策として、贈与を絡めた土地活用な

どのご提案を行っています。税務顧問のお客様を中心に、二次相続まで想定した相続・事業承継対策のご提案も行っています。こうした取り組みは特に経営者や企業オーナーのお客様に喜んでいただいており、ご紹介もたくさんいただいています。

徹底した税務調査対策で
安心の相続税申告を実現

当事務所の特徴のひとつは、税務調査への対策を徹底して行っていることです。必ず来る税務調査で是認をもらえるように、徹底したシミュレーションを行っています。

申告書は各担当が起案し、ベテラン税理士が丁寧に精査して申告をする体制を採っています。そのため、これまでの申告では、当事務所で聞き取り把握している範囲での是認は得ています。

さらに当事務所では、書面添付により申告内容の適正性を保証しており、税務調査に入られる可能性を大きく下げています。

発生前の相談が
円滑な相続を実現する

当事務所は相続相談窓口を設置しています。お電話をいただければ、初回のご面談の予約を取らせていただきます。ご面談では、ベテラン税理士がお客様の相談に丁寧に応じます。相続の相談は勇気の要ることですが、初回の相談は無料ですので、何なりと相談してください。

円滑な相続を実現するためには、知っておかなければならないこと、準備しておかなければならないことがあります。誰しも自分が亡くなった後に、子どもたちに骨肉の争いをしてもらいたくないと思っているのではないでしょうか。

専門家への事前の相談が何よりも円滑な相続を実現します。思い立った時に相談においでください。

税理士法人SKC（相続贈与相談センター北九州）

代表者：堺俊治（税理士／九州北部税理士会八幡支部）

職員数：42名（税理士5名）

所在地：北九州市戸畑区中原新町3番3号

ホームページ：https://www.sakaikeiei.co.jp/

相続相談窓口：093-482-5588

相続や事業承継問題の専門家を擁する会計事務所
相続対策から事業承継支援、M&Aなど多様な解決策を提案

税理士法人エヌズ

野原信男代表

野原雅彦代表

本店ビル

税理士法人エヌズは、沖縄県那覇市と西原町に拠点を構える会計事務所。沖縄でも増え続けている中小企業の事業承継問題に対応することに力を入れており、相談者の抱える悩みに応じて相続対策や事業承継支援、M&Aなど、さまざまな選択肢を、税理士や弁護士、司法書士などの専門家が提案する。

相続から資産形成まで
沖縄の慣習に合わせた支援を提供

税理士法人エヌズは、創業者の野原茂男が昭和56年に開業した事務所です。現在、長男で税理士の野原信男と次男で同じく税理士の野原雅彦が共同代表を務め、他に税理士3名（合計税理士5名）、総勢39名のスタッフが所属しています。

創業者が県内大手建設会社出身であることから、関与先は建設業が最多で、

最近は医業や卸、飲食等食品関連のお客様も増えてきています。

また直近では、沖縄でも相続・事業承継のお客様が増えてきたこともあり、野原雅彦を中心に相続から資産形成までのお手伝いを行っています。さらにはM&Aを専門に取り扱う株式会社 沖縄M&Aサポートを立ち上げました。

万全の事業承継対策の体制を構築

共同代表の野原雅彦は現在、相続・事業承継案件を中心に対応させていた

だいております。東京の大手税理士法人での経験を基に、金融機関や大手不動産会社とも連携を図り、年間50件ほどの相続案件を扱っています。

また最近では、信託などを活用した相続前のご相談や、相続後の資産運用のお手伝いも積極的に行っています。

さらに事業承継対策として、士業（税理士・弁護士・司法書士・社会保険労務士）のみで設立したM&A専門の株式会社 沖縄M&Aサポートがグループ内にあります。

経験豊富な専門家が外部機関と連携して高度なサービスを提供

当事務所の大きな特徴は2点です。

1つ目は、経験豊富な専門家がいることです。顧問に税理士試験の相続税試験委員も歴任した、相続の分野ではスペシャリストのOB税理士や、年間50件の相続案件をチェックできる経験豊富な税理士が5名所属しています。

2つ目は、外部機関との連携によりスムーズなお客様対応ができる点です。

相続も案件によりそれぞれ事情が異なってきます。例えば不動産を多く所有されている場合には、事前に不動産の現金化、あるいは不動産を担保にした融資により、納税資金の確保も必要となってきます。その際、我々は金融機関や大手不動産会社との連携により、スムーズにお客様のご要望にお応えすることが可能です。

気軽に相談できる無料相談窓口を設置

当事務所は定期的にセミナーなどを開催し、直接ご相談にも乗らせていただいております。その際は直接当事務所にご連絡いただければ、初回相談は無料でご対応させていただきます。

相続は事前に対策をされているか否かで、その後の税金面や親族間の問題に大きな差が出てくる場合があります。まずは気軽にご相談いただくことをお勧めしております。

税理士法人エヌズ
代表者：野原信男（代表社員・所長／沖縄税理士会那覇支部）
　　　　野原雅彦（代表社員・副所長／沖縄税理士会北那覇支部）
職員数：39名（税理士5名）
所在地：那覇本店　沖縄県那覇市久茂地2-17-17
　　　　坂田支店　沖縄県西原町字翁長592番地　伸ビル2-C
ホームページ：http://2n-taxoffice.jp/
相続相談窓口：那覇本店 098-863-6267

坂田支店

相続相談ここがポイント

《ポイント1》相続の専門家に相談しよう

相続の相談は会計事務所や司法書士事務所、法律事務所などの士業事務所にするのが一般的ですが、士業事務所はそれぞれ得意分野をもっています。士業事務所に相続の相談をする際は、その事務所が相続を得意としているかどうかを確認しましょう。事務所が本書に掲載されていれば相続を得意としていますし、事務所のホームページで何が得意分野なのかを調べる方法もあります。

《ポイント2》なるべく早く行動しよう

相続の悩みを抱えている方は、「親族間のトラブルを避けたい」「世話になった人に財産を残したい」「家業を円滑に引き継ぎたい」といった思いを抱いているでしょう。しかし、自分が死んで相続が始まってしまうと、そのような思いを実現する選択肢はほとんどなくなってしまいます。その一方で、死ぬ前に相続への備えをしようと思えば、自分の思いを実現させる選択肢は大きく広がります。相続の悩みを抱えているのであれば、なるべく早く行動するべきです。

《ポイント3》基礎知識を身につけておこう

相続に備えておきたいのでしたら、相続の基礎知識を身につけることをお勧めします。基礎知識を身につけていれば、専門家に相談する際にも、自分の思いを正確に伝えたり、より高度な相談をしたりすることができます。次のページから始まる「第2部 相続について学ぶ」では、相続に関する基礎的な知識を解説していますので、ぜひ活用してください。

第2部

相続について学ぶ

相続に関する知識をある程度身につけておくと、専門家との相談を円滑に進めることができます。ここでは、相続に向き合ううえで役に立つ基礎的な知識について解説します。

執筆：税理士法人チェスター

監修（改正相続法関連）：弁護士法人リーガルプラス

第1章
相続に関する基本的な知識

相続について考えるとき、最初にはっきりとさせておかなければならないのは、誰が何を引き継ぐのかということです。本章では、財産を引き継ぐ人、つまり「相続人」や、相続人が引き継げる財産の概要など、相続の基本的な知識について解説します。

財産を引き継げる人は民法で決まっている

相続について知ろうとすれば、それを定めている民法を確認する必要があります。民法によると、相続は次のように定義されています。

相続とは、亡くなった人（被相続人といいます）の財産を、誰かのものにするための制度です。亡くなった人の財産には、預金債権や現金、不動産といったプラスの財産だけでなく、借金のようなマイナスの財産も含まれます。

それでは、被相続人の財産は誰のものになるのかといいますと、民法では原則として、被相続人と一定の親族関係にあった人（法定相続人といいます）に帰属させることになっています。

なお、被相続人が生前に自分の意思を遺言という形で表明しておけば、自分の選んだ人、つまり受遺者に財産を帰属させられます。

遺言については157 ページの「遺言を書いて争族を防ぐ」以降で詳しく触れますが、遺言がある場合は、原則として遺言に従って亡くなった人の財産の帰属が決められます。

他方、遺言がない場合は、民法の定めるルールによって法定相続人に対す

図表3　相続人の優先順位

続柄	順位	解説
配偶者	常に相続人	法的に婚姻している人
子	第1順位	被相続人に子があるときは子と配偶者が相続人になる
親	第2順位	被相続人に子がないときは親と配偶者が相続人になる
兄弟姉妹	第3順位	被相続人に子と親がないときは兄弟姉妹と配偶者が相続人になる

る財産の帰属が決められ、これを法定相続といいます。つまり、遺言の有無によって、亡くなった人の財産の処理は大きく異なるのです。

　相続手続きのはじめの一歩は、誰が相続人になるかという、相続人の確定です。相続手続きは、以下の手順で進んでいきます。

①誰が相続人になるのかを確定する。
②相続の対象となる財産、つまり相続財産の範囲を確定する。
③相続人が複数いる場合[1]には、各相続人がそれぞれ何をどれだけ相続するのかを確定する。

相続人には優先順位がある

　民法では、被相続人と一定の親族関係にあった者を相続人と定めており、相続人になる順位をつけています。民法の定めた順位に従って、相続人が決定されることになります（図表3）。

　まず、被相続人に配偶者がいる場合は、常に相続人になります。

　さらに被相続人に子があるときは、子またはその代襲者[2]、再代襲者が第1順位の相続人になります。

　次に、被相続人に子がないときは、被相続人の直系尊属[3]のうち、親等の近い者が第2順位の相続人になります。第1順位の人がいないと、第2順位の人が相続人になるということです。

　そして、直系尊属が健在でない場合には、兄弟姉妹またはその代襲者が第3順位の相続人となります。

　これらをまとめると、114ページの図表4のようになります。

1　これを共同相続といい、この場合の相続人を共同相続人といいます。
2　代襲者の意義については114ページの図表4を参照してください。
3　直系尊属とは、自分よりも前の直系の世代で、親や祖父母などのことです。

図表4　相続人の優先順位の判断

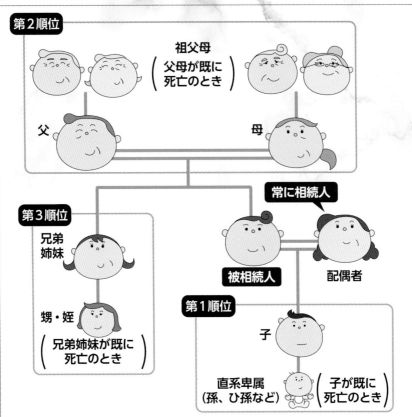

①配偶者である妻（夫）は常に相続人となる。

②それに加えて子（息子・娘）がいる場合は、第1順位の相続人となる。妻（夫）が既に亡くなっている場合も同様。

③子が既に亡くなっている場合は、孫が代わりの相続人（代襲相続人）となる。

④孫も既に亡くなっていれば、ひ孫にと何代でも代襲できる。

⑤第1順位の相続人が誰もいない場合に限り、父母が第2順位の相続人となる。

⑥父母が共に亡くなっている場合は、祖父母にさかのぼる。

⑦祖父母も既に亡くなっていれば、何代でもさかのぼれる。

⑧第2順位の相続人もいない場合は、被相続人の兄弟姉妹が第3順位の相続人となる。

⑨兄弟姉妹が既に亡くなっている場合は、その子である甥・姪が代襲相続人となる。

⑩甥・姪も既に亡くなっている場合、その子は代襲相続人になれない。

法定相続分は遺産の配分に関する"目安"

遺産を相続人にどう配分するのかについては、民法で定められています。誰がいくら相続する権利をもつのか、その割合をあらかじめ知っておくのは大切なことです。ここでは、誰がどれだけ遺産を相続できるのかについてお話しします。

被相続人が遺言などにより相続人間の相続分を指定している場合は、原則として被相続人の指定した相続分に従い、相続財産が分配されます（ただし、遺言を作ればどんな財産の分配でも可能になるというわけではありません）。[4]

一方、被相続人が遺言を作成せずに亡くなるなど、相続財産の分配に関する被相続人の意思が明らかとならない時は、民法の基準に従って相続財産の分配を行うことになります。その規定が、法定相続分といわれるものです。

法定相続分を定める民法第900条の内容をまとめてみましょう。

①子および配偶者が相続人のときは、子の相続分および配偶者の相続分は各2分の1とする。

②配偶者および直系尊属が相続人のときは、配偶者の相続分は3分の2とし、直系尊属の相続分は3分の1とする。

③配偶者および兄弟姉妹が相続人のときは、配偶者の相続分は4分の3とし、兄弟姉妹の相続分は4分の1とする。

④子、直系尊属または兄弟姉妹が複数の人数いるときは、各自の相続分は相等しいものとする。

被相続人よりも後の直系の世代で、子や孫のことを直系卑属と呼びます。これが法定相続人でいうところの第1順位のグループにあたります。

被相続人よりも前の直系の世代で、親や祖父母のことを直系尊属と呼びます。同じく、法定相続人でいうところの第2順位のグループです。

法定相続分についてまとめると、116ページの図表5のようになります。

4　遺言による財産の分配の結果、特定の相続人の相続分が大きくなりすぎ、他の相続人の遺留分（164ページの「基礎知識：遺留分とは」を参照）を侵害する結果となる場合は、遺留分侵害額請求の限度において、被相続人の指定した相続分は修正されます。

図表5 法定相続人と法定相続分

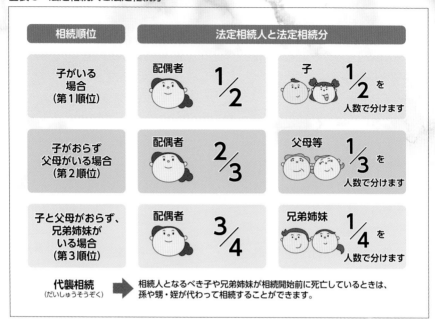

相続の対象になる財産、ならない財産

　相続の対象になる財産とは、どのようなものなのでしょうか。

　これをよく知っておかないと、返済できない負債まで相続してしまうことになりかねません。また、相続の対象とならない財産を知っていれば、これをうまく利用する方法があります。

　民法には、「相続人は、相続開始のときから、被相続人の財産に属した一切の権利義務を承継する」と定められています。

　そのため、相続の対象となる財産に

は、不動産、現金、預貯金、株券などのプラスの財産（積極財産）だけでなく、借入金、住宅ローン、損害賠償義務などのマイナスの財産（消極財産）も含まれます。また、通常の保証債務についても相続の対象となります。

　プラスだけでなくマイナスの財産もあるため、相続が生じた際、積極財産より消極財産の額のほうが多いこともあります。しかしその場合でも、原則として全ての財産（積極財産および消極財産の両方）を受け継ぐことになり

図表6　相続財産の対象

不動産	土地、建物
動産	現金、自動車、貴金属、美術品など
債権	借地権、賃借権、貸金債権、電話加入権など
無体財産権	特許権、著作権、商標権、意匠権など
裁判上の地位	裁判上の損害賠償請求権など
債務	借入金、損害賠償債務など

ます（図表6）。

　ただし、積極財産よりも消極財産のほうが多い場合は、積極財産と消極財産のどちらも受け継がない方法、つまり相続放棄を選択することができます。また、積極財産の範囲内で引き継ぐという条件で相続をする限定承認という方法もあり、遺産がプラスになるかマイナスになるか不明確なときに用いられます。

　前述のように、相続においては、被相続人が有していた全ての財産を相続することが原則です。ただし、民法には「被相続人の一身に専属したものは、この限りではない」と規定されており、相続財産の対象外となる財産があることを認めています。

　ここで、何が「被相続人の一身に専属した」財産といえるのかが問題になります。その典型例としては、芸術作品を作る債務や、雇用契約上の労務提供債務などがあります。

　例えば、画家が依頼者から依頼された作品の制作中に死亡したあと、その子が父（または母）に代わって作品を制作する債務を負うことには無理があり、不合理となるような場合です。

相続財産を把握することの大切さ

　相続財産を正確に把握することには大変重要な意味があります。それは、遺産分割にあたって分割方法を決定する前提の数字になるという意味もありますが、税務署へ提出する相続税申告書の正確な数字を算出するという目的もあります。

　法人税や所得税は、収入から経費を差し引いた利益に、税率を乗じることで税額を求めます。一方の相続税は、被相続人の遺産である財産の価額（遺産総額）に、税率を乗じることを基本的な計算構造としています。

遺産総額×税率＝相続税

　実際に申告を行う場合の計算構造はもう少し複雑で、第1段階では被相続人の遺産を集計し、遺産総額を求めま

す。

　次に第2段階で、遺産総額から基礎控除額を差し引いて、いったん財産を法定相続分として相続したと仮定して相続税率を適用し、相続税の総額を求めます。

　最後に第3段階で、相続税の総額を各相続人に配分し、税額控除などを加味して、各相続人の納付税額を求めることになります。[5]

　したがって、相続税額の計算をするためには、どのような財産が相続財産になるのかを正確に把握する必要があ

ります。

　相続税の節税のために銀行で借り入れを行い、アパートを建設した――このような話を耳にしたことはないでしょうか。借入金があれば、それは消極財産として他の資産から控除できます。さらに、土地の上に賃貸物件を建築することで、更地のときよりも土地の評価額を下げることができます。

　相続税の節税の観点からも、どのような財産が相続の対象になり、それをどう評価するのかを知ることは大変重要です。

「単純承認」「限定承認」「相続放棄」とは

　相続は資産をもらえるだけでなく、借金も譲り受けることになります。通常の相続は単純承認ですが、明らかに負債が大きいなら相続放棄を選択できます。

　民法は、「相続人は、自己のために相続の開始があったことを知った時から3カ月以内に、相続について、単純もしくは限定の承認または放棄をしなければならない」と規定しています。

　ここで相続人に与えられる選択肢としては、

①単純承認
②限定承認
③相続放棄

の3つが挙げられます。

　相続とは本来、被相続人の積極財産（＝資産）および消極財産（＝債務）の全てを相続人が引き継ぐことです。これが単純承認です。

　一方、限定承認とは、相続財産限りで債務を清算し、なお余剰の資産がある場合に限って相続をするという方法

5　相続税の計算方法に関しては 137 ページの 「相続税の計算方法」 で解説します。

です。

　これに対し、相続放棄は文字通り一切の遺産を相続しないという方法です。

　テレビドラマや小説では、親が莫大な借金を残して死んでしまったがために……、などという涙を誘うような状況設定がしばしば出てきますが、実務上は相続放棄をすればよいのです。

　ただし、気をつけなくてはいけないことがあります。

　民法には、相続人が単純承認をするという意思表示をしなくても、以下の3つの場合には、単純承認がなされたものとみなすという規定があります。これを、**法定単純承認**といいます。

①相続人が、相続財産の全部または一部を処分した場合

　ここでいう処分とは、売却や譲渡といった行為だけではなく、家屋の取り壊しも含みます。預金を勝手に引き出して車を買ったなどという場合は、もちろん単純承認をしたものとみなされます。ただし、葬式費用に相続財産を

支出した場合など、信義則上やむを得ない処分行為については「処分」にあたらないとする判例があります。

②相続人が、熟慮期間内に限定承認も相続放棄もしなかった場合

　熟慮期間については、「自己のために相続の開始があったことを知った時から3カ月以内」と民法で定められています。この期間に相続人が限定承認も相続放棄もしなかった場合は、単純承認をしたとみなされます。

③相続人が、限定承認または相続放棄をした後に、相続財産の全部または一部を隠匿したり、私にこれを消費したり、悪意でこれを財産目録中に記載しなかった場合

　このような行為は、相続債権者などに対する背信的行為といえます。かかる行為をした相続人を保護する必要はないため、単純承認がなされたものとみなされます。

限定承認と相続放棄について、もう少し詳しく触れておきます。

まず限定承認ですが、これは被相続人の残した債務および遺贈を、相続財産の限度で支払うことを条件として、相続を承認する相続形態です。

仮に、被相続人の債務が、相続により相続人が得る資産、すなわち相続財産を超過することが明らかである場合、相続人は相続放棄をすることにより、債務負担を免れることができます。

しかし、被相続人が資産も相当有するが債務も相当負っており、債務が相続財産を超過するかどうかが判然としない場合もあります。

このような場合に、被相続人の債務を相続財産の限度で弁済し、債務を完済してなお相続財産が残っている場合は、これを相続人が相続し、逆に債務が残っている場合は、相続人は当該債務までは負担しない、ということを可能にしたのが限定承認という制度です。

限定承認を行う場合は、熟慮期間内に、被相続人の財産（資産および債務）について財産目録を作成し、これを家庭裁判所に提出して、限定承認をする旨を申し述べる必要があります。さらに、相続人のうちの1人が単独で限定承認を行うことはできず、相続人全員が同意しなければなりません。

このように、いろいろな制約がある

ため、実際には限定承認はほとんど利用されていません。

次に相続放棄ですが、これは熟慮期間内であれば、相続の効力を確定的に消滅させられる意思表示であり、相続放棄により債務の承継を免れることができます。

相続放棄には条件や期限をつけることができず、相続財産の一部だけを相続放棄することも許されません。熟慮期間内に家庭裁判所に対して放棄の申述をしなければならない点は限定承認と同様ですが、限定承認とは異なり、財産目録の作成は不要です。

相続放棄において注意が必要なのは、「相続の放棄をした者は、その相続に関しては、最初から相続人とならなかったものとみな」される点です（図表7）。

これまでご説明してきたように、相続が開始されると、相続人は単純承認、限定承認、相続放棄という3つの選択肢のうち、いずれかひとつを選択することになります。単純承認以外の方法は、家庭裁判所への申し立ての手続きが必要となるので注意が必要です。

図表8に、単純承認、限定承認、相続放棄の例を示しますので参考にしてください。

図表7 相続放棄者がいる場合の相続分

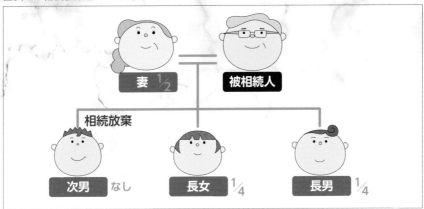

図表8 単純承認、限定承認、相続放棄の例

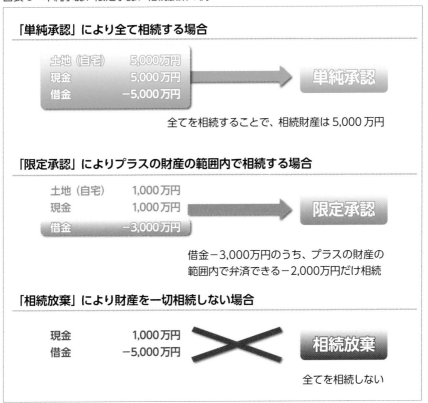

「単純承認」により全て相続する場合

土地（自宅）	5,000万円
現金	5,000万円
借金	−5,000万円

単純承認

全てを相続することで、相続財産は5,000万円

「限定承認」によりプラスの財産の範囲内で相続する場合

土地（自宅）	1,000万円
現金	1,000万円
借金	−3,000万円

限定承認

借金−3,000万円のうち、プラスの財産の
範囲内で弁済できる−2,000万円だけ相続

「相続放棄」により財産を一切相続しない場合

| 現金 | 1,000万円 |
| 借金 | −5,000万円 |

相続放棄

全てを相続しない

相続放棄を行うときの注意点

前節で、相続には3つの方法があることをお話ししました。単純承認、限定承認、相続放棄です。全財産がマイナスになりそうなら、相続放棄を選択するのが普通です。

ここでは、その相続放棄について、もう少し詳しく説明します。

相続放棄にあたって大切なことは、財産の正確な把握です。資産のほうが大きいのか、それとも負債のほうが大きいのか。これを正確に把握できなければ、相続放棄をするかどうかの判断がつきません。

亡くなった方が一見、借金がないようであっても、個人事業主の場合は注意が必要です。住宅ローンの場合は団体信用生命保険により借り入れは全額返済されますが、一部を除き、ほとんどの事業性資金はそのまま相続人に引き継がれることになります。

さらに、税金や預かり金、社会保険料などの支払いが残されていたり、他の会社の連帯保証人になっている場合もあります。まずはこれらを正確に把握する必要があります。

そしてもっとも大切なことは、熟慮期間である3カ月以内に、家庭裁判所に対して放棄の申述をしなければなら

ないことです。この期間が経過すると、単純承認をしたものとみなされます。

事実上の相続放棄

相続支援にかかわると、**法律上の相続放棄**と**事実上の相続放棄**を混同されている方がたくさんいらっしゃることを感じます。

事実上の相続放棄とは、次のようなことをいいます。例えば相続人が3人いたとします。そのうちのひとりAが家裁に申述するのではなく、他の相続人BとCに「自分は財産はいらないからBとCだけで分けてほしい」と意思表示をしたとします。これを事実上の相続放棄と呼びます。

事実上の相続放棄が法律上の相続放棄と異なるのは、この場合のAは法的には依然として相続人であって、遺産分割協議に参加しなければならないことです。一方、法律上の相続放棄の場合は、最初から相続人ではないことになるので、遺産分割協議に加わることができません。

「相続放棄をした」という場合でも、それが法律上の相続放棄か、事実上の相続放棄かで遺産分割協議の当事者が変わってくるので注意が必要です。

図表9　相続放棄と債務の関係。放棄した借金が想定外の親族に巡ってくることも……

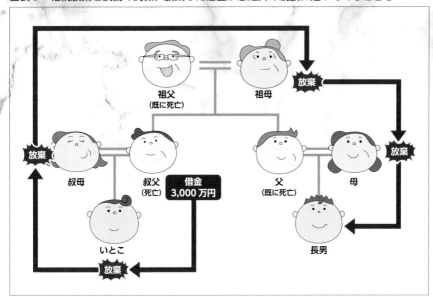

相続放棄は慎重に

　最後に、相続放棄にまつわるちょっと怖いエピソードをご紹介しましょう。

　ある日、銀行から身に覚えのない催告書が内容証明郵便で送られてきました。「3,000万円の融資金を即刻返済しろ」というとんでもない内容です。そのような銀行との取引はありませんし、全く身に覚えがない借入金でした。

　銀行に確認すると、叔父の借入金であることが分かりました。なぜ、このようなことになったのかといいますと、事業を営んでいた叔父が亡くなり、その家族は相続放棄を行い、さらに叔父

の母、つまり祖母や、自身の母も放棄したというのです。

　皆が相続放棄を行ったことで、巡り巡って、相続の順番が自分のところへきたのです（図表9）。

　相続放棄を行う際には、他の親族に迷惑がかかる可能性があることも考えて、意思決定をすることが大切です。

改正相続法の重要ポイント「配偶者居住権」

民法には、被相続人の財産を相続人に承継させる際の基本的なルールが定められており、この部分を相続法と呼びます。

2018年7月成立の改正相続法をふまえ、2020年4月1日以後に発生する相続では、①配偶者短期居住権、②配偶者居住権が認められます。

①配偶者短期居住権

法改正前は、たとえ長期間自宅建物に住んでいる配偶者であっても、遺産分割で配偶者以外の相続人が建物を取得し、建物からの退去を求められた場合には、建物から出なければなりませんでした。

そこで、法改正により、配偶者は、相続開始の時に被相続人が所有する建物に無償で居住していた場合には、遺産分割によりその建物（居住建物）の帰属が確定する日、または相続開始の時から6カ月を経過する日のいずれか遅い日までの間、無償で居住建物を使用する権利（配偶者短期居住権）が認められました。

ただし、遺言がある場合などは、短期居住権が成立しないケースもあります。

②配偶者居住権

夫（または妻）が死亡した後も、配偶者の生前と同じように、自宅に住み続けたいという方は多いでしょう。このような希望がある方が、遺産分割によって自宅の土地建物を取得すると、不動産の取得分が大きくなり、預貯金などの他の遺産の取得分が少なくなることがありました。

このため改正相続法では、一定の要件を満たす場合、配偶者は、居住建物について終身または一定期間につき、使用・収益を認める内容の権利（配偶者居住権）を取得することができるとされました。

これにより、自宅の土地建物を他の相続人が取得しても、無償で自宅に住み続けることができます。また、配偶者居住権は不動産そのものよりも財産的な価値が低いため、他の遺産の取得分が増えることになります。

ただし、配偶者居住権を取得するためには、遺産分割協議（または調停・審判）で定めるか、被相続人からの遺贈（遺言による贈与）の必要があります。配偶者であれば当然に認められるわけではありませんので、注意が必要です。

第2章
相続手続きに関する知識

相続をした預貯金を口座から引き出したり、不動産を売却したりするためには、それらの名義を変更する手続きが必要です。本章では、相続手続きに関する基本的な知識をご説明します。

相続した預貯金の名義変更手続き

　銀行や郵便局の口座に預けた預貯金は、金融機関がその口座の名義人が亡くなったことを知った時点で凍結され、払い出しができなくなります。

　相続が開始されると、亡くなった人（被相続人）の財産は、遺言がないかぎり、相続人全員の共有財産となります。このため、相続人のうちのひとりが、勝手に処分することはできません。

　口座の凍結を解除するには、後述する預貯金の仮払い制度で払い戻しできる部分を除き、相続人全員による遺産分割協議を完了させる必要があります。

　「死亡と同時に口座が凍結される」

という話を耳にしますが、それは本当のことです。ただし、金融機関が全ての預貯金者の生死を把握できるわけではありませんので、亡くなった方の預貯金が、相続手続きもされず、何年もそのままになっていることもあります。

　「相続発生と同時に、被相続人の預貯金は相続人の共有財産となり、相続人のひとりが勝手に処分することはできなくなる」。この事情を知っていると、後々、金融機関とのやりとりがスムーズに行えるでしょう。

　金融機関での相続手続きは面倒です。いろいろな書類の提出を求められ、細

かい点を聞かれます。それは、相続人の共有財産を守るためでもあるのです。

なお、亡くなった預金者に銀行借入がある場合、団体信用保険の手続きや、債務に関する預金者の相続人全員との契約が終了するまでは、口座凍結を解除することができません。

また、借用書に債務者死亡の場合に期限の利益[1]を喪失する条項があったり、既に返済が滞っている場合には、銀行が被相続人の預金と銀行借入を相殺することもあります。

最終的に凍結された口座の預貯金は、遺産分割協議書に基づいて各相続人に分配されます。

ただし、少額の場合や、相続人間のトラブルが発生する可能性が低いと判断される場合は、簡易的な扱いとして、遺産分割協議書がなくとも、相続人全員が承諾することで、代表相続人に払い出してもらえることがあります。

このほかにも、「預貯金が凍結されて葬儀代も引き出せない」という話を聞くことがあります。しかし実際には、相続人全員の同意のもと、葬儀代に必要な金額を払い出すことがあります。

なお、これらはあくまでも便宜的な措置ですので、どの金融機関においても、いかなる場合にも、そのような対応をしてもらえるとはかぎりません。

相続発生の際には、相続人間のトラブルを防ぐためにも、こちらから金融機関に申し出るべきでしょう。その際には、以下のような書類を用意することになります。こうした手続きは、取引の内容や、相続人の状況、遺産分割の予定など、金融機関と認識を共有し、相続手続きをスムーズに行うことにもつながります。

預貯金口座凍結解除に必要な書類

金融機関によって異なりますが、一般的には次のような書類が必要です。

① 被相続人の出生から死亡まで連続した戸籍謄本および除籍謄本
② 法定相続人全員の戸籍謄本
③ 法定相続人全員の印鑑証明書
④ 金融機関所定の用紙（署名と実印での押印が必要）
⑤ 通帳およびキャッシュカード

預貯金の仮払い制度

被相続人の遺言がない場合、被相続人の死亡を把握した金融機関では、預

---

1 期限の利益とは、期限までは借入金を返済しなくてもよいという債務者の権利（利益）のことです。

貯金が凍結されます。そして、預貯金の帰属や名義変更が確定するまでの間、相続人らには相続税や遺産である不動産の固定資産税の納税などに大きな支障が生じていました。

このような事態を防ぐべく、2019年7月1日施行の相続法改正において、預貯金の仮払い制度が創設されました。この制度は、遺産分割成立前の時点で、相続人が、被相続人の預貯金について、一定金額の仮払いを金融機関から受け

ることができる制度です。

①金融機関で仮払い手続きを行う場合、㋐相続開始時の預貯金の1/3×仮払いを求める相続人の法定相続割合、または㋑1つの金融機関につき150万円のいずれか低い金額の仮払いを受けることができます。

②家庭裁判所への申立てで仮払いを受ける場合、家庭裁判所の判断によって、他の相続人の利益を侵害しない範囲で仮払いが認められます。

相続した不動産の名義変更（相続登記）手続き

亡くなった人の不動産を相続により引き継ぐことになった場合は、相続登記が必要です。相続登記に期限はありませんが、後々のトラブルを未然に防ぐためには、速やかに相続登記を行う

ことが必要です。

被相続人が不動産を所有している場合は、相続人に所有権が移転します。相続登記手続きには、大きく次の3つがあります。

安心銀行　預貯金の仮払い制度

①法定相続による相続登記
②遺産分割による相続登記
③遺言による相続登記

　法定相続は相続の基本型で、民法で定められた順序と割合で各相続人が相続をします。遺言があったり、遺産分割協議が行われたりする場合は、法定相続とは異なる相続がなされることがあります。しかし、遺言も遺産分割協議もない場合は、この基本型の法定相続で相続をすることになります。

　一般的には法定相続や遺産分割による相続が多いといえますが、最近は遺言による相続も増えています。

　遺言がある場合でも、遺言とは異なる遺産分割協議を行える場合があります。この場合は、遺産分割による相続登記を行うことになります。

　相続登記は、もちろん被相続人が亡くなった後で行いますが、いつまでに申請しなければならないといった期限はありません。なかには、登記費用がもったいない、面倒だといって、そのままになっているケースもあります。

　相続登記をせずにいると、相続人が亡くなって次の相続が開始されたり、古い戸籍が廃棄処分されたりするなどして、権利関係が複雑になり、必要書類が手に入らなくなるなどの不都合が

生じます。また、その不動産を売却しようとする場合には、原則として相続登記が完了していないと、売買契約を結ぶことは困難です。

　なお、相続登記は相続人が法務局で行います。相続人が複数いる場合は、そのうちの1名が、全員の分を申請することも可能です。また、遺産分割協議で、複数いる相続人のうちの1名に相続させると協議した場合は、その不動産を取得する相続人が申請人になります。

　参考までに、相続登記にかかる費用を図表10に、相続登記に必要な書類を図表11に示します。

不動産の根抵当権に注意

　相続税対策のために、銀行からの融資で賃貸建物を建てるケースがあります。その場合には注意が必要です。

　もしも、その建物に根抵当権が設定されているのなら厄介です。根抵当権の債務者が亡くなった場合、その死亡から6カ月以内に後継債務者（指定債務者）を定める合意の登記をしないときは、根抵当権の元本は相続開始のとき（債務者の死亡時）に確定したものとみなされます。

　根抵当権の元本が確定すると、新たな融資を受けることができなくなるなど、銀行との取引上大きなマイナスと

図表 10　相続登記にかかる費用

①登記事項証明書代：1 物件につき 600 円

　　要約書にした場合：1 物件につき 450 円

②戸籍、住民票、評価証明書代：数千円

③法務局への交通費または郵送代：数千円

④登録免許税：固定資産評価額の 1,000 分の 4

図表 11　相続登記に必要な書類

共通して必要なもの

・登記申請書

・被相続人が生まれてから死亡するまでの戸籍謄本（除籍、改製原戸籍、現戸籍）

・被相続人の住民票の除票（本籍地の記載のあるもの）

・相続人全員の戸籍謄・抄本

・不動産を取得する相続人の住民票の写し

・相続不動産の固定資産税評価証明書

・相続人の委任状（代理人により申請する場合）

・相続関係説明図（戸籍謄本、除籍謄本等の原本還付を受けるため）

場合によっては必要になるもの

・遺言書がある場合は、遺言書

・遺言執行者の指定がある場合は、遺言執行者の印鑑証明書

・特別受益者がいる場合は、特別受益証明書及び印鑑証明書

・相続放棄をした人がいる場合は、相続放棄申述受理証明書

・遺産分割協議をした場合は、遺産分割協議書及び相続人全員の印鑑証明書

・調停または審判に基づいて相続登記を申請する場合は、調停調書または審判書（確定証明書付き）の謄本

・相続欠格者がいる場合は、確定判決の謄本または欠格者自身が作成した証明書・印鑑証明書

・推定相続人の廃除がなされた場合は、その旨が戸籍に記載されるので、別途書面は必要ない

図表12 Aさんの遺産の相続

Aさんの遺産 3,000万円（預金）

Bが相続する遺産	Cが相続する遺産	Dが相続する遺産
1,000万円（預金）	1,000万円（預金）	1,000万円（預金）

なります。

そして、よく混同されるのは、根抵当権の合意の登記には、**死亡から6カ月後まで**という期限があることです。

相続税の申告と支払いの期限が10カ月後までですので、この期限の違いについては気をつけなければなりません。

死亡保険金の請求手続き

生命保険の保険金は、相続財産とは別に扱われます。生命保険をうまく利用することで、相続をスムーズに進めることも可能です。

その一方で、相続の対象財産を考える場合に、問題になりやすいのが生命保険であるともいえます。

相続に関係するのは、正確には保険金という現金ではなく、**生命保険金請求権**です。この段階ではまだ保険金を請求できる権利であって、現金化されていないからです。

生命保険金請求権については、例えば受取人として「太郎さん」を指定した場合、同請求権は、保険契約の効力発生と同時に太郎さんの固有財産となり、被保険者の遺産とは別のものとみなされます。したがって、生命保険金は太郎さんのみが得ることになります。

「それがどうしたの？」と、素通りしてしまいそうな話ですが、**相続財産とは別のもの**というところがポイントです。

具体的な事例を挙げて、説明をさせていただきます。

> Aさんには法定相続人である3人の息子B、C、Dがいる。そして、Aさんには3,000万円の銀行預金がある。

事例① もしも、このままAさんが亡くなると、息子B、C、Dはどれだけの遺産を相続するのでしょうか。

答えは簡単ですね。B、C、Dそれぞれが1,000万円ずつAさんの預金を相続することになります（図表12）。

図表13　Aさんの遺産の相続（生命保険がある場合）

Aさんの遺産600万円（預金）

Bが相続する遺産	Cが相続する遺産	Dが相続する遺産
200万円（預金）	200万円（預金）	200万円（預金）
2,400万円（保険金請求権）		

　では、ここで生命保険を使ってみましょう。

事例②　Aさんの3人の息子のうち、CとDは家を出てしまいましたが、Bは家業を継ぎ、Aさんの老後の面倒も看てくれています。Aさんが病気を患ってからは特に熱心に介護してくれています。そのため、AさんはBに、財産を他の息子よりもたくさん残してやりたいと考えています。

　そこでAさんは、銀行預金3,000万円のうち、2,400万円をBが保険金受取人になるような、一時払い終身保険としました。

　そうすると、相続により分割されるAさんの遺産は600万円のみで、残りの2,400万円は保険金請求権という形でBのものとなります（図表13）。

　こうすることにより、遺言がなくとも法定相続分とは異なる遺産分割が可能になります。

　付け加えますと、法定相続で遺産を受け取ることができるのは、法定相続人に限られています。しかし、保険金受取人を法定相続人ではない人にすれば、法定相続人以外の人に財産を残すことも可能です。

　例えば、長男の嫁は法定相続人にはなれません[2]。介護などで特別世話になったので財産を残してやりたいと思っても、法定相続分はゼロです。そのようなケースで、保険金請求権を利用する価値があります。

　保険金請求権が相続財産とは別に扱われるメリットをもうひとつ紹介しておきます。遺産分割には長い時間と労力がかかります。遺産は相続人全員の共有財産となりますので、相続人のひとりが勝手にそれを処分することはできないのです。銀行預金であれば、預貯金の仮払い制度で払い戻しできる部分を除き、遺産分割協議書が整うまで、

2　長男の嫁を法定相続人にするために、養子縁組みをするという手段もありますが、ここではそれは考えません。

図表14　生命保険金や給付金の請求・受け取りのポイント

《ポイント1》生命保険会社に連絡しましょう
保険金・給付金の支払事由に該当した場合、保険証券・「ご契約のしおり・(定款)・約款」などを確認し、すみやかに生命保険会社の担当者、または最寄りの営業所、支社、サービスセンター・コールセンターなどに連絡してください。
《ポイント2》請求から受け取りまでの流れを確認しましょう
保険金・給付金の支払事由に該当した場合、受取人本人が請求する必要があります。あらかじめ、請求から受け取りまでの流れを確認しましょう。
《ポイント3》保険金・給付金の内容や受け取れる場合・受け取れない場合を確認しましょう
保険金・給付金の内容や受け取れる場合または受け取れない場合については、「ご契約のしおり・(定款)・約款」・生命保険会社のホームページ・請求手続きなどに関するガイドブックなどに記載されていますので、確認してください。
《ポイント4》請求もれがないように、しっかり確認しましょう
保険金・給付金の支払事由に該当した場合、契約している内容によっては複数の保険金・給付金が受け取れることがありますので、十分に確認してください。また、契約が複数ある場合は全件確認してください。
《ポイント5》「指定代理請求人」などによる請求ができる場合があります
被保険者が受取人となる保険金・給付金について、受取人(被保険者)が請求できない所定の事情がある場合には、指定代理請求人に関する特約を付加することなどにより、代理人が請求することができます。(代理人に対しては、あらかじめ支払事由および代理請求できる旨、説明しておくことが大切です。)

公益財団法人 生命保険文化センターのウェブサイトより

銀行は払い出しに応じません。何千万円もの遺産を受け取る権利がありながら、ただ預金通帳を眺めるだけという期間が何カ月も続くこともあります。それだけならまだよいのですが、お金が必要なのに、どうにもできないこともあります。

　生命保険であれば、遺産分割協議とは全く関係なく、受取人が保険金を受け取ることができます。

　図表14に、生命保険金や給付金の請求・受け取りのポイントをまとめましたので参考にしてください。

年金関係の諸手続き（遺族年金等）

　厚生年金や共済組合等の加入者が死亡し、かつ個々の支給要件を満たす場合、その遺族には遺族年金が支給されます。

　加入者（被相続人）の死亡によって具体的な財産請求権が発生するという点に注目すれば、遺族年金請求権は相続財産とみなされ、課税されるように見えます。

　しかし、遺族年金はその受給権者や支給規定が法律で個別に定められており、また遺族の生活保障という趣旨で給付される金銭であるため、受給権者固有の権利であると解釈されています。つまり、相続財産とはなりません。

　ただし例外として、相続税等の課税対象になる年金受給権もあります。以下に、具体的な例を2つ紹介します。

事例①　在職中に死亡し、死亡退職となったため、会社の規約等に基づき、会社が運営を委託していた機関から遺族の方などに退職金として支払われる年金があります。この年金は、死亡した人の退職手当金等として、相続税の対象になります。

事例②　保険料負担者、被保険者、年金受取人が同一人の個人年金保険契約で、その年金支払い保証期間内にその人が死亡したために、遺族の方などが残りの期間について年金を受け取る場合があります。この場合、死亡した人から年金受給権を相続または遺贈により取得したものとみなされて、相続税の課税対象になります。

　年金を受ける権利は、受給者が亡くなると失われます。そのため、亡くなってから10日（国民年金は14日）以内に、年金事務所または年金相談センターに死亡の届出（年金受給権者死亡届の提出）をしなければなりません。ただし、日本年金機構に個人番号（マイナンバー）が収録されている人は、原則として死亡届を省略できます。

　届出には、死亡届のほか、死亡の事実を証明する書類（戸籍抄本、死亡診断書等）が必要になります。

　遺族が前述の遺族年金を請求する場合は、年金請求書に必要な書類を添えて、年金事務所または年金相談センターに提出します。

その他財産の名義変更手続き一覧

預貯金や不動産の名義変更、生命保険金の請求、年金関係の諸手続きについてはこれまでに説明しましたが、ここではその他の財産の名義変更手続きについて触れます。

遺産分割協議が終了し、相続財産の分配が決まると、その内容に従って遺産分割協議書を作成します。そして、その内容どおりに相続財産の名義を変更していく手続きを進めなければなりません。

相続財産の名義変更には、いつまでにしなくてはならないという期限はありませんが、名義変更の前に次の相続が起こってしまった場合、手続きが複雑になり、トラブルのもとになります。また、相続した財産を売却する場合、名義人が被相続人のままだと売却できませんので、結果的に名義変更をしなくてはならなくなります。

そういったトラブルを避けるためにも、遺産分割協議が終了したら、なるべく早めに相続財産の名義を変更すべきです。

株式の名義変更手続き

株式の名義変更の手続きは、被相続人名義の株式が上場株式か非上場株式かで異なります。

上場株式は、証券取引所を介して取引が行われています。そのため、証券会社と、相続する株式を発行した株式会社の両方で、手続きをすることになります。

証券会社は顧客ごとにそれぞれ取引口座を開設していますので、取引口座の名義変更手続きを行います。

取引口座を相続する相続人は、以下の書類を証券会社に提出し、名義変更をすることになります（ここに挙げたものは一般的な例であり、証券会社や個々の事例により異なることがあります）。

①取引口座引き継ぎの念書（証券会社所定の用紙）
②相続人全員の同意書（証券会社所定の用紙）
③相続人全員の印鑑証明書
④被相続人の出生から亡くなるまでの連続した戸籍謄本（除籍謄本を含む）
⑤相続人全員の戸籍謄本

証券会社で取引口座の名義変更手続きが終了したら、次に株式を発行した

図表 15　相続財産の名義変更

	遺産の種類	手続き先	必要な書類
名義書換手続き	不動産	地方法務局 (本支局・出張所)	所有権移転登記申請書、戸籍謄本 (相続人)、除籍謄本 (被相続人)、住民票 (相続人)、固定資産課税台帳謄本、その他書類※1
	預貯金	預貯金先	依頼書 (銀行などに備付)、除籍謄本 (被相続人)、戸籍謄本 (相続人)、預貯金通帳、その他書類※1
	自動車	地方運輸局の運輸支局等	移転登録申請書、自動車検査証 (有効なもの)、自動車検査証記入申請書、戸籍謄本 (相続人)、除籍謄本 (被相続人)、自動車損害賠償責任保険証明書 (呈示のみ)、その他書類※1
	特許権 / 実用新案権 / 意匠権 / 商標権	特許庁審査業務課登録室	移転登録申請書、戸籍謄本 (相続人)、除籍謄本 (被相続人)、その他書類※1
支払い請求手続き	生命保険金	生命保険会社	戸籍謄本 (相続人)、除籍謄本 (被相続人)、生命保険証、生命保険金請求書、死亡診断書、印鑑証明書 (相続人)
	退職金	勤務先	戸籍謄本 (相続人)、除籍謄本 (被相続人)

※1 上記に加えて、遺産分割協議書および相続人全員の印鑑証明書、または遺言書が必要です。

株式会社の株主名簿の名義変更手続きをします。この手続きは、証券会社が代行して手配してくれます。その際、相続人は以下の書類を用意することになります。

相続人全員の同意書（名義の書き換えを代行している証券会社所定の用紙）

非上場株式は取引市場がないので、会社によって行う手続きが変わります。発行した株式会社に直接問い合わせる必要があります。

このほかにも、自動車、特許権、生命保険金、退職金など、手続きが必要な財産はあります。

図表15に、おもな相続財産の名義変更についてまとめました。名義の変更に必要な書類は、この図表以外にも存在する場合があります。手続きの際には、あらかじめ手続き先に問い合わせ、確認をしておくとよいでしょう。

第3章
相続税に関する知識

相続が発生すると、相続財産の額によっては相続税を納めることになります。ところで、そもそも相続税は何のためにあるのでしょうか。本章では、相続税の基礎知識や、計算方法などについて解説します。

相続税についての基礎知識

　相続税とは何か、なぜそのような税金が存在するのか、あらためて考えてみましょう。

　財産が親から子へ移るだけなのに、なぜ税金がかかるのでしょうか。相続税のもつ働きについて、代表的なものを紹介します。

所得税の補完機能

　相続税は、被相続人が生前に受けた税制上の特典や、負担の軽減などにより蓄えた財産を、相続開始の時点で清算するという働きをもっています。相続税は、所得税を

補完するものであるという見方ができます。

富の集中抑制機能

　相続税は、相続により相続人等が得た偶然の富の増加に対し、その一部を税として徴収するという働きをもっています。これにより、相続した者と、しなかった者との間の財産の均衡を図り、併せて富の過度の集中を抑制するという意図があります。

　相続税は上記の機能を実現するため、所得税などの他の税金とは異なる、独

図表 16　相続税は富の集中を抑制し、相続人間の税負担の公平性を実現

特の課税方式を採用しています。

　相続税の額を計算する際は、各相続人が相続した財産に応じて、それぞれ超過累進課税が適用されるため、富の集中を抑制することが期待できます。

　また、同一の被相続人から財産を取得した人の間で、取得財産額に応じた税負担の公平性が実現される仕組みが用意されています（図表16）。

相続税の計算方法

正味の遺産額

　相続税を計算する場合、まずは課税対象となる遺産の額を求めます。

　被相続人の預貯金や土地・建物などの財産から、借入金等を引いたものが、相続税がかかる可能性のある正味の遺産額です。

　なお、正味の遺産額には、被相続人が亡くなったことで相続人が得る生命保険金や死亡退職金等も含まれます。これらには遺族の生活保障という意味合いがあるため、非課税限度額が設定されています。[2]

1　生命保険は、被保険者、保険料の負担者、保険金の受取人が誰であるかで、所得税や贈与税、相続税など、かかる税金が変わります。被相続人の死亡によって取得した生命保険金で、その保険料の全部または一部を被相続人が負担していたものは、相続税の課税対象になります。

2　相続人以外の人が取得した死亡保険金には非課税の適用はありません。

> 生命保険金や死亡退職金の非課税
> 限度額＝500万円×法定相続人の
> 数

生命保険金や死亡退職金は、非課税限度額を超えたぶんが正味の遺産額に加えられます。

相続税の基礎控除額

正味の遺産額を求めたら、次に**基礎控除額**を計算します。正味の遺産額が基礎控除額以下であれば、相続税はかかりません。

相続税の基礎控除額は、次の計算式で求めることができます。

> 基礎控除額＝3,000万円＋600万
> 円×法定相続人の数

例えば、法定相続人が妻と子供3人の場合、基礎控除額は3,000万円＋600万円×4人＝5,400万円になります。正味の遺産額が5,400万円以下の場合は、相続税はかかりません。

逆に、正味の遺産額が基礎控除額を超える場合は、相続税がかかります。ただし、正味の遺産額ではなく、正味の遺産額と基礎控除額の差額に対して相続税がかかります。この差額のことを、**課税遺産総額**と呼びます。

> 課税遺産総額＝正味の遺産額－基
> 礎控除額

相続税の総額の計算

相続税の額は、少し複雑な方法で計算します（図表17）。

まず、課税遺産総額を、法定相続人がいったん法定相続分で分割したと想定します。そして、各法定相続人が法定相続分に応じて得た金額に、図表18の速算表に示した税率を掛けて、各人の相続税額を求めます。算出した各人の相続税額を合計すると、**相続税の総額**になります。

遺言や遺産分割協議等のため、法定相続分とは異なる遺産分割を行う場合は、実際に財産を取得した割合に応じて、相続税の総額を各法定相続人が按分することになります。

このような計算方法を用いているのは、遺産分割の方法によって税額が変動すると、それを利用した不当な遺産分割協議が行われる可能性があるからです。

これを防ぐために、遺産を各相続人が法定相続分通りに分割したものと考えて、相続税の総額を計算するのです。

図表17　相続税の計算の流れ

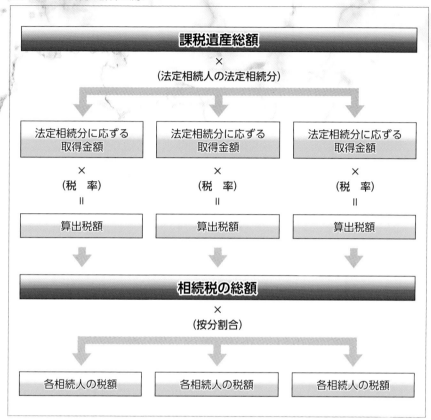

図表18　相続税の速算表

法定相続分に応ずる取得金額	税率	控除額
1,000万円以下	10%	―
3,000万円以下	15%	50万円
5,000万円以下	20%	200万円
1億円以下	30%	700万円
2億円以下	40%	1,700万円
3億円以下	45%	2,700万円
6億円以下	50%	4,200万円
6億円超	55%	7,200万円

※ 平成26年12月31日以前に相続が開始された場合の相続税の税率は上記とは異なります。

相続税を計算してみよう

以下の計算例をもとに、相続税の概算をしてみましょう。

計算例 相続人が配偶者と子2人、相続財産が8,000万円の場合を例に、相続税の概算をします。

①相続財産の合計から基礎控除額を引く

8,000万円－（3,000万円＋600万円×3名）＝3,200万円

②各人の法定相続分の取得額を算出

3,200万円×1/2＝1,600万円（配偶者分）

3,200万円×1/4＝800万円（子の分）

3,200万円×1/4＝800万円（子の分）

※いったん財産総額を法定相続分で取得したと仮定して計算します。

③相続税額を計算

配偶者分：1,600万円×15％－50万円＝190万円

子の分：800万円×10％＝80万円

子の分：800万円×10％＝80万円

合計：350万円

④各相続人の取得額によって按分

（例えば配偶者1/2、長男1/2、次男なしで相続した場合）

配偶者：350万円×1/2＝175万円

配偶者特例　▲175万円→0円

長男：350万円×1/2＝175万円

次男：350万円×0＝0円

参考までに、相続税の概算をまとめた納税早見表を図表19〜21に示します。

図表19　納税早見表（相続人が配偶者と子2人の場合）

相続財産	相続税額
5,000万円	10万円
6,000万円	60万円
7,000万円	112.5万円
8,000万円	175万円
9,000万円	240万円
1億円	315万円
1億5,000万円	747.5万円
2億円	1,350万円
2億5,000万円	1,985万円
3億円	2,860万円
3億5,000万円	3,735万円
4億円	4,610万円
4億5,000万円	5,492.5万円
5億円	6,555万円
6億円	8,680万円
7億円	1億870万円
8億円	1億3,120万円
9億円	1億5,435万円
10億円	1億7,810万円

図表20　納税早見表（子2人の場合）

相続財産	相続税額
5,000万円	80万円
6,000万円	180万円
7,000万円	320万円
8,000万円	470万円
9,000万円	620万円
1億円	770万円
1億5,000万円	1,840万円
2億円	3,340万円
2億5,000万円	4,920万円
3億円	6,920万円
3億5,000万円	8,920万円
4億円	1億920万円
4億5,000万円	1億2,960万円
5億円	1億5,210万円
6億円	1億9,710万円
7億円	2億4,500万円
8億円	2億9,500万円
9億円	3億4,500万円
10億円	3億9,500万円
15億円	6億5,790万円
20億円	9億3,290万円
25億円	12億790万円
30億円	14億8,290万円

図表21　納税早見表（子1人の場合）

相続財産	相続税額
5,000万円	160万円
6,000万円	310万円
7,000万円	480万円
8,000万円	680万円
9,000万円	920万円
1億円	1,220万円
1億5,000万円	2,860万円
2億円	4,860万円
2億5,000万円	6,930万円
3億円	9,180万円
3億5,000万円	1億1,500万円
4億円	1億4,000万円
4億5,000万円	1億6,500万円
5億円	1億9,000万円
6億円	2億4,000万円
7億円	2億9,320万円
8億円	3億4,820万円
9億円	4億320万円
10億円	4億5,820万円
15億円	7億3,320万円
20億円	10億820万円
25億円	12億8,320万円
30億円	15億5,820万円

※図表19〜21の早見表には、法定相続分で各相続人が取得したと仮定した場合の相続税額の合計額を記載しています。配偶者がいる場合は、配偶者の税額軽減を法定相続分まで適用しています。

相続税の大まかな額を知っておくと、今後の方針が立てやすくなりますよ!

税務署から突然届く「相続税についてのお尋ね」

相続が発生してから半年ほど経ったころ、税務署から突然、「相続税についてのお尋ね」という質問状が入った封書が送られてくることがあります。このような封書がなぜ送られてくるのかについて解説します。

税務署は事前に情報をつかんでいる!?

相続発生後に、税務署から送付されてくる「お尋ね」の封筒は、全ての家に送付されるものではありません。相続税が発生しそうな家をあらかじめ選定して送付されます。では、なぜ税務署はそのようなことが分かるのでしょうか？

税務署はいつ誰が亡くなったのかを全て知っている

人（被相続人）が亡くなると、最初の手続きとして、市区町村役場に死亡届（図表22）を提出します。

死亡届を受け取った市区町村役場は、その情報を管轄の税務署に報告しています。そのため、死亡届の提出とともに、相続発生の事実を税務署が知ることになります。

不動産所有者や高額納税者は要注意

相続発生の事実が税務署に通知されると、税務署では亡くなった人の財産が相続税の課税対象になる可能性があ

るかどうかを調べます。

　ほとんどのケースでは、過去の所得税の確定申告書で判断されます。収益不動産を保有していれば、毎年、不動産所得の確定申告をしています。会社からたくさん給料をもらっていた人も、源泉徴収票等で確認されます。

　たくさん税金を納めていたということは、それだけたくさん稼いで財産を蓄積しているのではないかと見られてしまいます。

納税額が少なくても油断は禁物

　それでは、稼ぎが多くなく、不動産は自宅だけで賃貸物件も所有していないという人は、相続税申告をしなくてもよいのでしょうか？

　「お尋ね」は、前述のような方法で、選定された人に送付されてきます。実際のところは、相続税申告が必要な財産を所有していても、税務署から通知が来ないことも多々あります。

　しかしそのような場合でも、相続税の基礎控除を超える財産を保有していれば、相続開始から10カ月以内にきちんと相続税申告を行うことが必要です。

　税務署から通知が来ないのであれば、申告しなくてもバレないのではないかと思う方がいらっしゃるかもしれません。しかし、ほとんどのケースでは税

図表22　死亡届の例

出所：法務省ウェブサイト

務署にバレてしまいます。

　例えば、自宅の名義変更のために相続登記を行った場合は、相続登記の情報が法務局から税務署へ通知される仕組みになっているため、自宅を相続した事実が税務署に知られてしまいます。

　無申告の状態で相続開始から10カ月が経過した後で、税務署から指摘されて相続税申告を行うと、延滞税や無申告加算税、重加算税、場合によっては罰金等の重いペナルティーを受けてしまうため注意が必要です。

税務署はなぜ「お尋ね」を送るのか

　さて、そもそも税務署はなぜ「お尋ね」を送っているのか、その事情を見てみましょう。

　最近、「税務署が相続税の申告漏れに対する税務調査を強化している」という話をよく耳にします。また、相続税の申告漏れと併せて、今後は海外財

図表23 国外財産調書の記入例

令和××年12月31日分 国外財産調書							
国外財産を有する者	住所（又は事業所、事務所、居所など）		東京都千代田区霞が関3-1-1				
	氏名		国税 太郎				
	個人番号		0000 0000 0000			電話番号（自宅・勤務先・携帯） 03 ×××× ××××	
国外財産の区分	種類	用途	所在 国名		数量	上段は有価証券等の取得価額 価額	備考
土地	事業用	オーストラリア	○○州△△××通り6000		1 200㎡	円 54,508,000円	
建物	事業用	オーストラリア	○○州△△××通り6000		1 150㎡	80,000,000	
その他の財産	委託証拠金	一般用	アメリカ	○○証券○○支店		10,000,000	
合計額						513,841,944	
(摘要)							

出所：国税庁ウェブサイト

産に対する調査が強化されるとも予想されています。

税務署は、相続が発生した人に「お尋ね」を送付し、相続の内容、収入金額の内訳について調査を行っています。そのような調査が行われる背景には、税務署のマンパワーの問題があります。

税務署は限られた人員で、相続税の税務調査だけでなく、さまざまな申告漏れの事案を調査・選定しなければなりません。

そこで相続が起きると、まずは「お尋ね」を送ることで、大きく網をかけるのです。そのようにして網をかけた対象のなかから、申告漏れが見つかりやすいところに対し、税務署は重点的に調査を行います。

申告漏れが見つかりやすいところ、それがずばり相続と海外財産なのです。

税務署は海外財産の調査を強化

とりわけ最近の特徴として、海外財産に対する調査が強化されています。これは、平成24年度税制改正により、国外財産調書制度が創設されたことと関係があります。

この制度により、その年の12月31日の時点で価額の合計額が5,000万円を超える海外財産を有する人は、財産の種類、数量および価額などの必要な事項を記載した国外財産調書（図表23）を、翌年の3月15日までに税務署に提出しなければなりません。

海外への送金については、マネーロ

ンダリング（資金洗浄）やテロ防止という観点から、金融機関から当局へ、かなり詳細な報告がなされています。

　現行ルールでは、100万円を超える海外送金があった場合には、金融機関から税務署に国外送金等調書が提出されます。したがって、税務署は海外への資産移転に関して、かなり正確な情報を把握していると想像できます。

　海外投資に積極的な人も増えていますので、海外財産の把握については、税務署としても確実に押さえておきたいという思惑があるのです。

「お尋ね」の対象は拡大傾向

　こうした海外投資が身近になるにつれ、「お尋ね」の送り先も、一部の富裕層からサラリーマン、主婦へと広がっています。

　今後は国外財産調書に基づく「お尋ね」や税務調査が本格化すると予想されます。

　「お尋ね」への回答を提出しなかった場合や、国外送金等調書によって税務署が把握している海外預金口座の記載が国外財産調書になかった場合など、疑義があるケースでは税務調査に発展する可能性が高いと考えられます。

困ったときは相続の専門家にご相談ください！

第4章
遺産分割に関する知識

故人の遺産を誰がどれだけ引き継ぐのかは、相続人が全員で行う遺産分割協議で決まります。本章では、遺産分割の流れ、遺産分割協議書の書き方、遺産分割協議で問題になりやすいことについて解説します。

遺産分割の流れと遺産分割協議書

人が亡くなると相続が発生し、残された相続人は図表24のような流れで**遺産分割**を行うことになります。

遺産分割の流れは遺言の有無によって変わり、遺言がない場合は相続人間で**遺産分割協議**を行います。有効な遺言があればそれを執行することになりますが、その場合でも、遺留分を考慮するために遺産分割協議を行うことができます。そして、そこで決まった内容に基づき、**遺産分割協議書**を作成

します。

遺産分割協議書は、専門家の手を経ずとも、相続人が自分たちで作成できます。

なお、相続人全員の合意があれば、指定相続分や法定相続分とは異なる分割をすることも可能です。たとえ有効な遺言があっても、相続人全員が遺言の存在を知り、その内容を正確に理解したうえで遺言の内容とは異なる遺産分割協議書を作成すれば、その内容は有効です。

なお、不動産がある場合には、遺産分割協議書は必ず作成しなければなり

---

1 遺留分については164ページの「基礎知識：遺留分とは」を参照。

図表 24　遺産分割のフローチャート

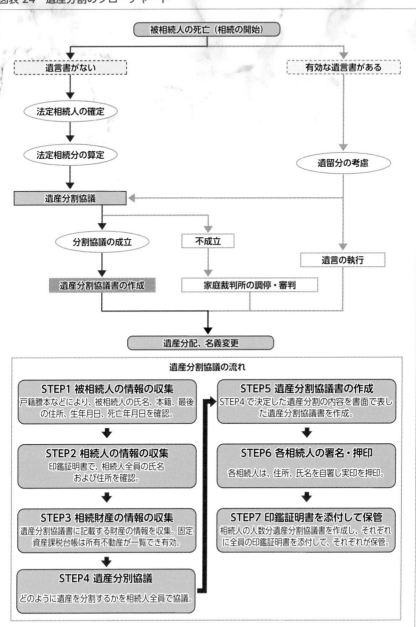

被相続人の死亡（相続の開始）

遺言書がない　　　　　　　　有効な遺言書がある

法定相続人の確定

法定相続分の算定

遺留分の考慮

遺産分割協議

分割協議の成立　　不成立

遺言の執行

遺産分割協議書の作成　　家庭裁判所の調停・審判

遺産分配、名義変更

遺産分割協議の流れ

STEP1 被相続人の情報の収集
戸籍謄本などにより、被相続人の氏名、本籍、最後の住所、生年月日、死亡年月日を確認。

STEP2 相続人の情報の収集
印鑑証明書で、相続人全員の氏名および住所を確認。

STEP3 相続財産の情報の収集
遺産分割協議書に記載する財産の情報を収集。固定資産課税台帳は所有不動産が一覧でき有効。

STEP4 遺産分別協議
どのように遺産を分割するかを相続人全員で協議。

STEP5 遺産分割協議書の作成
STEP4で決定した遺産分割の内容を書面で表した遺産分割協議書を作成。

STEP6 各相続人の署名・押印
各相続人は、住所、氏名を自署し実印を押印。

STEP7 印鑑証明書を添付して保管
相続人の人数分遺産分割協議書を作成し、それぞれに全員の印鑑証明書を添付して、それぞれが保管。

ません。これは、相続をした不動産の名義を変える際に、法務局へ提出する必須書類だからです。銀行や証券会社の手続きの際にも、遺産分割協議書があれば、解約などの手続きがスムーズに行えます。

遺産分割協議書の作成

遺産分割協議書は、遺言とは異なり、要件を満たさなければ無効となるものではありません。その一方で、相続人全員が納得し、遺産の分割が終了したことを示す書類でもあります。また、この書類は預貯金の分配や、債務の引き受けを行うにあたり、金融機関にも提出することになります。

遺産分割協議書の作成の目的は、不動産や預貯金の名義変更、相続税の申告書への添付などのためだけではありません。相続人間における分割内容の合意・確認や、法的に分割が終了したことを明確にするといった意味合いもあり、とても重要な書類です。

遺産分割協議書作成の留意点

遺産分割協議書の作成にあたっては、いくつかの留意点があります。

- 遺産分割協議は、相続人全員で行います。認知症の人や未成年者など、遺産分割協議に参加できない人がいる場合は、成年後見人や特別代理人が必要になるケースもあ

ります。なお、遺産分割協議書に押印する印鑑は、全て実印です。

- 財産・債務は、漏れなく記載することが必要です。なお、生命保険金や死亡保険金に関しては、遺産分割協議の対象ではないため記載しません。

- もしも遺産分割協議後に見つかった財産や債務があれば、その財産・債務について再度遺産分割協議が必要になります。なお、遺産分割協議後に判明した財産・債務についての取り扱いを、遺産分割協議書にあらかじめ定めておくことも可能です。

- 遺産分割協議書は、複数回にわたって、日を変えて作成しても有効です。

- 遺産分割協議のやり直しは、法的には有効ですが、課税上は当初の分割内容で確定します。そのため、やり直しによる相続人間の財産の移転については、贈与として認定されます。

預貯金の相続や、借入金の債務引き受けにあたっては、遺産分割協議書を金融機関に提出することになります。

金融機関では、基本的に遺産分割協議書に基づいて預貯金の分割を行います。ただし、少額の場合は特例扱いで、代表相続人に一括して相続預貯金を渡すこともあります。

金融機関が債権を有している場合でなければ、遺産分割の内容について特に問題になることはありません。その一方で、借入金がある場合は注意が必要です。特に事業資金については、事業の継承者が債務を引き継ぐのが合理的でしょう。事前に金融機関と相談するのが賢明です。

また、金融機関では実印の押印と印鑑証明が重要視されます。なぜなら、遺産分割協議書に署名押印した人全員を一堂に集めて意思確認を行うことは困難だからです。

その書類が本人の真意に基づいて作成されたものかどうかが民事訴訟で争いになった場合に、民事訴訟法上、実印による押印があった場合は本人の意思に基づいていると認められるという背景があります。

遺産分割協議書に最も神経質になっているのは金融機関です。誤った遺産分割を行えば、他の相続人に不利になってしまうからです。そこで、金融機関が遺産分割協議書のどの部分に注目しているのかを紹介します。

金融機関は遺産分割協議書のどこを見るのか

被相続人に関する記載

戸籍全部事項証明書、戸籍謄本、除籍謄本で、法定相続人が誰かを確定する作業を行います。

遺産分割協議に参加する必要がある者に関する記載

相続人全員が原則ですが、相続放棄をした相続人がいないか、相続欠格者や廃除者はいないかを確認します。

遺産分割協議の内容

法定相続分や遺言の内容とは異なる遺産分割協議書が提出されたとしても、遺産分割協議書の内容に沿って手続きがなされます。

遺産分割協議書の作成日

未成年者本人が遺産分割協議書に署名、押印していないかを確認するために重要な意味を持ちます。

相続人の署名、押印欄

遺産分割協議に参加すべき者が全員参加しているか、未成年者など本人に代わって代理人が参加しなければならない者がいないか、各参加者の住所が印鑑証明書上の住所になっているか、各参加者の押

図表25 自分でも書ける! 遺産分割協議書

遺産分割協議書

最後の本籍	東京都〇〇区〇〇〇番〇号
最後の住所	東京都〇〇区〇〇〇番〇号

被相続人〇〇〇〇（令和〇年〇月〇日死亡）の遺産については、同人の相続人全員において、分割協議を行った結果、各相続人がそれぞれ次の通り、遺産を分割し、債務・葬式費用を負担することに決定した。

1．相続人〇〇〇〇は次の遺産を取得する。
（1）土地

所在	東京都〇〇区〇〇〇番
地番	〇〇番〇
地目	宅地
地積	〇〇〇.〇〇㎡

（2）建物

所在	東京都〇〇区〇〇〇番
家屋番号	〇〇番〇
種類	木造
構造	瓦葺2階建
床面積	1階　〇〇.〇〇㎡　　2階　〇〇.〇〇㎡

2．相続人〇〇〇〇は次の遺産を取得する。
（1）預貯金
①〇〇銀行〇支店　　普通預金　　口座番号0000000
②〇〇銀行〇支店　　定期預金　　口座番号0000000

上記の通り相続人全員による遺産分割の協議が成立したので、これを証するために本書を作成し、以下に各自署名押印する。なお、本協議書に記載なき遺産・債務並びに後日判明した遺産・債務は、相続人全員で別途協議して決めるものとする。

令和〇年〇月〇日

住所	東京都〇〇区〇〇〇番〇号
氏名	〇〇〇〇　実印

住所	東京都〇〇区〇〇〇番〇号
氏名	〇〇〇〇　実印

ポイント①
遺産分割協議書は、相続人の自署でなくても、ワープロソフトの印字や代筆でも可能です。

ポイント②
「最後の本籍」は除籍謄本に、「最後の住所」は住民票の除票に記載があります。

ポイント③
不動産については、登記簿謄本を参考にして正確に記載しましょう。

ポイント④
その他、預貯金などについては、その財産や金額が特定できるように記載しましょう。

ポイント⑤
後々のトラブルを避けるため、各相続人は自署で署名を行い、実印で押印をしましょう。

印が実印かを確認します。

なお、遺産分割協議書は前述の通り、専門家に頼らなくても相続人が自分た

ちで書くことが可能です。図表25に、遺産分割協議書の記載例と、書くときのポイントをまとめておきますので参考にしてください。

遺産分割協議書は訂正できるのか

遺産分割協議書の作成にあたり、問題になりそうなことに触れておきます。

事例　遺産分割協議書の一部が訂正されている場合、遺産分割協議が有効に成立したといえるのか。

遺産分割協議書は、遺産分割協議における当事者間の合意を書面化したものですから、訂正内容が当事者の意思

を反映したものであれば、遺産分割協議は訂正後の内容に従って有効に成立したものと考えられます。

なお、訂正のなされた遺産分割協議書を金融機関などに提示する際には、訂正の内容が遺産分割協議に参加した相続人全員の意思を反映するものであることを確認するため、当該訂正箇所につき相続人全員の訂正印の押印を求められるのが一般的です。

被相続人から生前に受けた資金援助は相続の際にどう扱われるのか

事例 生前に親から婚姻費用などの資金援助を受けていた場合、相続にどのような影響があるのか。

遺産分割においては、相続人全員が納得のもと遺産分割協議書を作成し、それに基づいて遺産を分けることになっています。しかし、すべての相続人が公平だと感じる遺産分割を実現するのはとても難しいことです。

相続人のなかには、被相続人の生前に援助を受けていた人もいるでしょう。その援助の内容も、人によってさまざまでしょう。そのようなことを無視し、法定相続分で一律に遺産分割を行えば、不満を持つ相続人が出てくるのは当然のことです。

そのため、民法には**特別受益者の相続分**と呼ばれる以下のような規定があります。

> **民法第903条** 共同相続人中に、被相続人から、遺贈を受け、又は婚姻若しくは養子縁組のため若しくは生計の資本として贈与を受けた者があるときは、被相続人が相続開始の時において有した財産の価額にその贈与の価額を加えたものを相続財産とみなし、第900条から第902条までの規定により算定した相続分の中からその遺贈又は贈与の価額を控除した残額をもってその者の相続分とする。
>
> 2 遺贈又は贈与の価額が、相続分の価額に等しく、又はこれを超えるときは、受遺者又は受贈者は、その相続分を受けることができない。
>
> 3 被相続人が前二項の規定と異なった意思を表示したときは、その意思に従う。
>
> 4 婚姻期間が二十年以上の夫婦の一方である被相続人が、他の一方に対し、その居住の用に供する建物又はその敷地について遺贈又は贈与をしたときは、当該被相続人は、その遺贈又は贈与について第一項の規定を適用しない旨の意思を表示したものと推定する。

被相続人から生前に資金援助や結婚資金の贈与などを受けた相続人がいる場合、そのような相続人を**特別受益者**と呼びます。どのような贈与が**特別受益**になるのかは、贈与の価額、被相続

人の資産、相続人の生活実態などから判断されます。

　相続が発生すると、特別受益は特別受益者個人のものではなく、相続人全員の相続財産の一部と見なされます。各相続人の相続分は、相続財産に特別受益の価額を含めたうえで算定します。

　このため特別受益者は、自分の相続分が特別受益の価額を上回らないと、相続の際に新たな財産を取得できません。

生前に婚姻費用をもらっていたら

　特別受益者の相続分の具体例として、以下のケースを考えてみてください。

　被相続人が相続開始時に1,000万円相当の財産を持っていたとします。

　相続人A、BおよびCのうち、Aのみが生前に婚姻費用として200万円の贈与を受けていると、Aの受けた婚姻費用は特別受益とみなされ、各相続人の相続分を算定する際の基礎となる相続財産に含めて考えられます。

　この場合、相続財産は1,200万円とみなされ、各人の相続分は3分の1である400万円ずつとなります。このうち、Aは既に特別受益として200万円を取得しているため、Aが自分の相続分として新たに取得できる財産額は200万円になります。これに対し、BおよびCは、それぞれ400万円ずつを取得することになります。

完全な平等は難しい……

　何が特別受益になるのかでもめやすい親の援助としては、結婚資金、学費、

親との同居（家賃）、家の購入費、留学支援などが挙げられます。こうした援助も含めて完全に平等な相続を実現するのは簡単ではありません。相続の専門家による仲介や、相続人間の丁寧な話し合いが重要になります。

持戻し免除の意思表示の推定規定

これまで述べたような特別受益に関するトラブルを軽減するため、民法改正の際に、第903条4項として**持戻し免除の意思表示の推定規定**が新設されました。

これは、被相続人が、配偶者の特別受益分について、遺産への持戻し免除の意思を明示的に表示していない場合にも、持戻し免除の意思表示があったと推定する規定です。

その条件として、①婚姻期間が20年以上にわたる夫婦間において、②被相続人が配偶者に居住用の建物またはその敷地について遺贈または贈与（死因贈与含む）をしたとき、となります。遺贈による配偶者居住権の設定も同様に扱われます。

この規定が適用されることで、配偶者は特別受益分を遺産に持ち戻す必要がなくなり、配偶者は多くの遺産を取得できることになります。

なお、遺産分割審判手続きなどにおいて、他の相続人により、被相続人の持戻しの意思表示があったことが明らかとされた場合、この規定は適用されません。

親の面倒をみることは相続で考慮してもらえるのか

相続は金銭勘定だけの問題ではなく、感情の問題でもあります。被相続人の生前に、その財産の維持または増加に特別の貢献をした人には**寄与分**が認められています。

相続人の寄与分は、法定相続人間の合意または家庭裁判所の調停や審判で決まります。また、**特別寄与制度**により、法定相続人以外の親族が寄与料を請求できることもあります。こんな例を想像してみてください。

事例 大病を患った父が5年間の闘病の末亡くなった。長男は既に家を出ていて、実家で両親と暮らしていたのは次男夫婦だった。次男の妻は義父によく尽くした。義父の病状が悪くなってからは、仕事を辞めて介護に専念した。次男も家に手すりを付けてバリアフリ

図表26　被相続人の介護をしていた法定相続人以外の親族も特別寄与の請求ができる

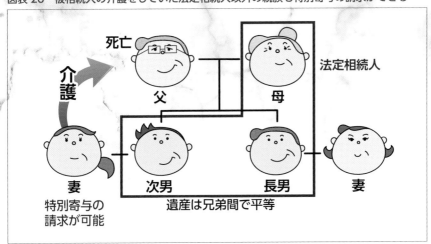

死亡

介護

父　　　　　　　　母　　　　法定相続人

妻　　　次男　　　　長男　　　　妻

特別寄与の　　　　　遺産は兄弟間で平等
請求が可能

ーにしたり、病院までのタクシー代を支払ったりするなど、金銭的にも多大な負担をしてきた。

そのような事情があるにもかかわらず、実家を出て東京に住んでいた長男夫婦が現れ、「お父さんの遺産は法定相続分通りに分割しよう」と言い出したら、次男夫婦にしてみればたまったものではありません。

そこで民法では、亡くなった人の事業を手伝うほか、病気の看護をするなど、亡くなった人の財産を増やしたり、維持したりすることに特別な貢献をした相続人には、貢献度合いに応じて多めに財産をもらうことが認められています。それが寄与分です。

寄与分が認められれば、その人はま
ず相続財産からその寄与分を確保でき、残りを相続人が分けるという手順で遺産が分割されることになります。

さらに事例のように、子の配偶者（嫁や婿）など、法定相続人以外の親族が献身的に親の介護をしていたケースでは、特別寄与制度によって寄与料を請求できる場合があります（図表26）。

相続人の寄与分の求め方

寄与分の存在や金額は、相続人間の遺産分割協議によって決められますが、相続人間で話し合いがつかない場合は、特別の寄与をした人が家庭裁判所に審判を求めることができます。

家庭裁判所は、寄与の時期、方法、程度、遺産の額などを考慮して、寄与

分を決めます。

なお、寄与分の金額については、相続開始時の財産の価額から、遺言により遺贈された価額を差し引いた額を超えることはできません。

寄与分が認められるケース

①自分の「私財」を提供して被相続人の面倒をみていた。
②無報酬で、被相続人の事業に従事していた。
③相続財産の維持・増加に寄与した。

なお、寄与分が認められるためには、通常の家族間の相互扶助の域を超えた特別な貢献でなければなりません。単に一緒に生活していただけでは認められません。

相続人以外の者の貢献

前述のように、民法改正により、特別寄与料の支払請求権が新設されました。

これは、相続人以外の親族による、被相続人の介護や療養看護などの貢献があった場合、相続人に対して、金銭の支払い請求ができる制度です。

その条件として、①療養看護、介護や労務の提供が無償であること、②被相続人の財産が維持または増加したこと、が必要となります。

特別寄与料の金額は、基本的に寄与者と相続人間での協議となりますが、協議が調わないときは家庭裁判所にて協議に代わる処分手続きが可能です。

ただし、相続開始（被相続人が亡くなったとき）と、相続人が誰かを知ったときから6カ月、または相続開始から1年を経過すると家庭裁判所での処分手続きができなくなるため、注意が必要です。

寄与分のトラブル回避に役立つ遺贈

寄与分に関わるトラブルを避けるには、どうすればよいのでしょうか。

こうした場合、遺言書に記載することで、介護に尽くした人に特別に財産を残すことができます。これを遺贈といいます。

遺言は、寄与分に関わるトラブルを防ぐ有効な手法のひとつです。

第5章
相続トラブルを避ける方法

本章では、相続の際に起きる典型的な問題と、それを解決する方法を紹介します。相続のトラブルは親族間に深刻な亀裂をもたらしますが、あらかじめ対策を講じておけば避けることができます。本章をよく読んで、円満な相続を目指してください。

事例① 面倒をみてくれた長女とお騒がせな次女

中川さんの悩み

中川一郎さん（73歳）には2人の子供がいますが、2人とも社会人になり、それぞれ実家を離れて暮らしていました。

しかし、昨年から中川さんが体調を崩したこともあり、長女夫婦と同居を始めました。これからも長女には世話になることが予想されるので、中川さんは自分の財産を長女にできるだけ多く相続させてあげたいと考えています。

一方、中川さんの次女は昔から金遣いが荒く、定職に就かず、金銭の要求をしてくることもあります。そのことも、中川さんが次女ではなく長女に財産を相続させたいと考えている理由です。

遺言を書いて争族を防ぐ

中川さんは、次女の遺留分[1]に配慮しながら、長女にできるだけ多くの財

1　遺留分とは、法律上認められた相続人の最低限の権利のこと。遺留分を得る権利は遺言でも侵害できない。詳しくは164ページの「基礎知識：遺留分とは」を参照。

図表27 遺言には財産の分け方だけでなく、家族への思いも書いておく

付言事項の例

　私はすばらしい家族に恵まれて、後悔のない人生を過ごすことができました。本当にありがとう。

　長女の○○には、私が体調を崩してから同居をしてもらい、面倒をみてくれて、感謝の気持ちでいっぱいです。次女の●●も分かっているとは思いますが、献身的に私の介護をしてくれた長女に、自宅とその他の財産を多めに渡してあげたいと考え、筆を執りました。

　私が死んだあとも、姉妹仲よく幸せな家庭を築いていってください。

産を遺（のこ）してあげる内容の遺言を作成しました。また遺言の最後に、家族が相続後も仲良くしてくれるように、**付言事項**として、自分の思いを綴りました（図表27）。

遺言がある場合とない場合

　遺言がない場合、相続が起きると民法で定められた法定相続分を基準に、相続人全員で話し合い（遺産分割協議）を行い、遺産の相続方法を決めます。逆に有効な遺言がある場合は、相続人全員の同意がないかぎり、遺言どおりの相続となります。民法は財産を遺す側の意思を尊重し、遺言を最優先させています（図表28）。

自筆証書遺言と公正証書遺言

　遺言には大きく分けて、**自筆証書遺言と公正証書遺言**の2つがあります。自筆証書遺言は、財産を残したい人が自分で簡単に作成できる反面、形式に不備があると無効になってしまったり、きちんと保管されず、死後に見つからなかったりするリスクがあります。

　一方の公正証書遺言は、公証役場で公証人に作成してもらう遺言です。作成に費用がかかりますが、法的に確実に有効な遺言が作成できますし、公証役場に保管されるので安全です。こうしたことから、相続の専門家は公正証書遺言の作成を勧めています。

図表 28　遺言の有無と相続の流れ

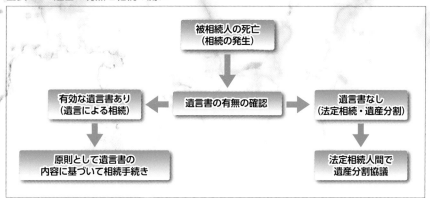

図表 29　自筆証書遺言と公正証書遺言

	自筆証書遺言	公正証書遺言
作成方法	・本人が全部自書で作成が基本だが、相続財産の目録を添付するときは、その目録については自書不要（目録各ページに署名・押印は必要） ・日付、氏名、押印（認印も可）が必要	・本人の希望をもとに、公証人が作成し、最終的に本人、証人、公証人が署名・押印する
作成場所	・どこでも可能	・公証役場（公証人に出張を依頼し、自宅や病院で作ってもらうことも可能）
保管場所	・本人が自宅の金庫などに保管 ・法務局でも保管が可能 ・弁護士などの士業や、信頼できる人に保管を依頼してもよい	・原本を公証役場で保管 ・正本を本人が保管
メリット	・作成費用がかからない ・手軽に作成できる	・改ざんや紛失の恐れがない ・法的に有効な遺言を残せる ・家庭裁判所の検認が不要 ・遺言の存在を明確にできる
デメリット	・改ざん、紛失の恐れがある ・形式に不備があると法的に無効になってしまう可能性がある ・相続開始後に家庭裁判所で検認が必要 ・死後、発見されない可能性がある	・作成に費用がかかる ・手続きが自筆証書遺言と比べると煩雑

図表30　自筆証書遺言作成の注意点

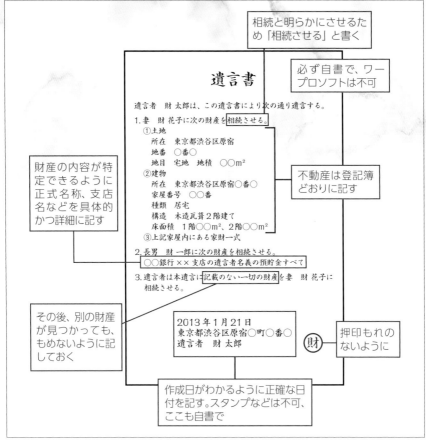

159 ページの図表29に、自筆証書遺言と公正証書遺言の相違点をまとめておきますので参考にしてください。

公正証書遺言の作成のために公証役場に払う費用は、遺言に書く遺産の価額が500万1円〜1,000万円なら1万7,000円、5,000万1円〜1億円なら4万3,000円、10億1円以上であれば24万9,000円です（以降、5,000万円増えるごとに8,000円ずつ加算）。

基礎知識：自筆証書遺言作成の注意点

自筆証書遺言は、費用もかからず手軽に作れますが、きちんと法定要件を備えていないと、後で無効になってしまうため注意が必要です。図表30に、

自筆証書遺言を作成するにあたり、注意すべき点をまとめておきます。

遺言書を書いたほうがよい人

　遺言は円満な相続を実現させる有効な手法ですが、なかでも以下のような場合は、特に効果を発揮します。

①子がいない夫婦
②特定の相続人により多くの財産を相続させたい
③家業を継いでいる子に事業を全て任せたい
④相続財産に不動産がある
⑤お嫁さんやお孫さんなど、相続人以外に財産を分けてあげたい
⑥離婚経験があり、前妻や後妻に子がいる
⑦事実婚（内縁）である
⑧法定相続人がいない
⑨財産の一部を寄付したい
⑩葬儀や埋葬の方法に希望がある
⑪ペットの世話を引き継いでもらいたい

事例② めぼしい財産が自宅しかない

健一さんの悩み

　安藤健一さん（長男・52歳）は、3カ月前に母親が亡くなり、兄弟3人で相続手続きの最中です。

　父親は既に亡くなっており、母親が遺してくれた財産は自宅の土地建物と、わずかな預貯金でした。長男である健一さんは母親の世話や介護を長年にわたってしてきましたので、自宅は問題なく弟たちが譲ってくれるものと考えていました。

　しかし、実家にはろくに顔を出さず、ギャンブルで借金を作り、親に迷惑をかけていた次男がいました。次男は母親の相続後、突然実家に現れ、自分の法定相続分を主張してきました。

　自宅は母親と同居していた健一さんが住んでおり、今後も自分の子供たちに相続させ、引き継いでいきたいと考えています。しかし次男は、売却ができないならそのぶんを金銭で渡せと激しく要求しています。

財産の分け方を工夫して争族を防ぐ

　そんな健一さんのために、母親は健一さんを受取人とする生命保険に加入していました。健一さんと同居を始めたころから、将来の相続のためにと少しずつ生命保険料を支払ってくれていたのです。この生命保険のおかげで、健一さんは自宅を相続する代償として、

図表 31　現物分割

図表 32　代償分割

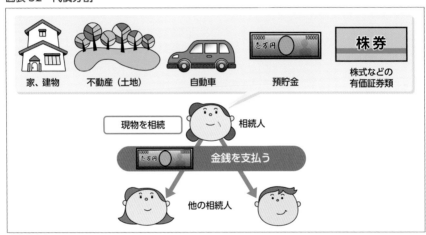

生命保険金を他の相続人へ分配することができ、もめずにすんだのです。

基礎知識：遺産分割の方法

遺産分割の方法は、現物分割、代償分割、換価分割の3つに大別されます。

①現物分割

最も多く行われているスタンダードな方法です。遺産を各相続人がそのまま相続します（図表31）。

②代償分割

相続財産の大半が不動産で、現物をそのまま分割することが難しい場合などに、不動産などの財産を受け取った相続人が、その代わりに金銭を他の相続人に支払う方法です（図表32）。

図表33　換価分割

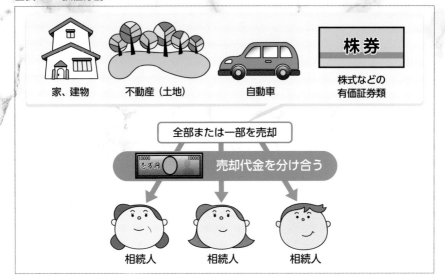

③換価分割

　相続する不動産が空き家で使用する予定がない場合などに、財産を売却し、換金してから分割する方法です（図表33）。

　換価分割は、財産の大半が不動産の方や、不動産を共有にしたくない方に向いています。

事例③　1円でも多くの財産を世話になった長女に相続させたい

鈴木さんの悩み

　鈴木裕一さん（68歳）には2人の子供がおり、妻はすでに他界しています。長男は事業に失敗して大きな借金を作り、鈴木さんにたびたびその工面を求めてきました。一方、近所に住む長女は、親孝行を長年にわたって続けてきました。

　鈴木さんとしては、できるだけ多くの財産を長女へ相続させてあげたいと考えています。しかし、遺言を作成しても、遺留分によって長男には1/4の財産を主張する権利が依然として残ってしまいます。

　できるだけ多くの財産を長女に残してあげたい鈴木さんに、何かよい方法はないのでしょうか。

図表 34　生命保険を活用した相続

○生命保険に加入せず、遺言で長女に財産をすべて相続させる場合

	長男	長女
遺言	なし	2,250万円
遺留分	750万円	なし
合計	750万円	2,250万円

○ 2,000 万円の生命保険に加入し、遺言で長女に残りの財産をすべて相続させた場合

	長男	長女
遺言	なし	750万円
遺留分	250万円	なし
生命保険	なし	2,000万円
合計	250万円	2,750万円

生命保険の特性を生かした相続

　鈴木さんは全財産3,000万円のうち、2,000万円を使って長女を受取人とする生命保険に加入しました。さらに全財産のうち、長男の遺留分に配慮して、1/4を長男に、3/4を長女に残す内容の遺言を作成しました。

　生命保険金は受取人固有の財産とな

り、遺留分計算の対象とはなりません。そのため、生命保険金を除外した1,000万円の1/4に相当する250万円が、長男の相続分となります。

　生命保険に加入していなければ、3,000万円×1/4=750万円が遺留分となっていたため、対策実施により長女に500万円も多く財産を相続させることができます（図表34）。

基礎知識：遺留分とは

　遺留分とは、法律上認められた相続人の最低限の権利をいいます。

　例えば、亡くなった父親が全ての財産を寄付するという内容の遺言を残していたとします。この内容が実現されてしまうと、残された家族が生活できなくなるなどの不都合が生じます。そのため民法は、遺言でも侵害すること

図表35　相続人ごとの遺留分

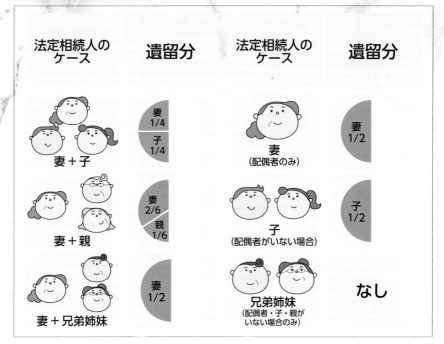

法定相続人の ケース	遺留分	法定相続人の ケース	遺留分
妻＋子	妻 1/4 子 1/4	妻 （配偶者のみ）	妻 1/2
妻＋親	妻 2/6 親 1/6	子 （配偶者がいない場合）	子 1/2
妻＋兄弟姉妹	妻 1/2	兄弟姉妹 （配偶者・子・親が いない場合のみ）	なし

ができない最低限の権利である遺留分を定めているのです。

　遺留分は、誰が法定相続人になるかで変わります。図表35に、相続人ごとの遺留分についてまとめました。

　なお、2020年7月1日以降に発生した相続に関する遺留分は、金銭請求権となっています。

生命保険金は遺留分の計算外

　生命保険金は受取人固有の財産となり、遺留分計算の対象から除外されます。ただし、やり過ぎると遺留分計算の対象になってしまうので注意が必要です。

　例えば本書の例で、鈴木さんが全財産の3,000万円で長女が受取人の生命保険に加入すると、長男の遺留分がゼロ円になってしまいます。ここまでくると、生命保険金も遺留分の計算対象になってしまいます。

　とはいえ、生命保険は特定の人により多くの財産を相続させたい場合に有効ですので、ぜひ活用してみてください。

相続相談メモ

相続の専門家に相談する前に、自分が考えていることをメモにまとめておきましょう。メモすることで考えが整理され、専門家に自分の希望を伝えやすくなります。

相続で悩んでいること

家族への思い

【編者プロフィール】

株式会社実務経営サービス

実務経営サービスは、中小企業の経営支援に取り組む会計人の研究会「実務経営研究会」の事務局運営会社です。実務経営研究会は、会計事務所が中小企業にさまざまな支援を行うための研修会を多数開催しており、全国約1400の会計事務所が参加しています。また、会計事務所向けの経営専門誌「月刊実務経営ニュース」を発行しており、優れた取り組みをしている全国の会計事務所を広く紹介しています。

会社名：株式会社実務経営サービス
住　所：〒170-0013　東京都豊島区東池袋1-32-7　大樹生命池袋ビル7F
電　話：03-5928-1945
ＦＡＸ：03-5928-1946
メール：info@jkeiei.co.jp
ＵＲＬ：https://www.jkeiei.co.jp/

相続・事業承継に強い! 頼れる士業・専門家50選 2021年版

2020年　6月　25日　第1版第1刷発行

編　者　　　株式会社 実務経営サービス
発行者　　　高　橋　考
発行所　　　三　和　書　籍

〒112-0013　東京都文京区音羽2-2-2
　　　TEL 03-5395-4630　FAX 03-5395-4632
　　　info@sanwa-co.com
　　　http://www.sanwa-co.com/
　　　編集／制作　株式会社実務経営サービス
　　　印刷／製本　中央精版印刷株式会社

ISBN978-4-86251-408-0　C0034

本書の電子版（PDF形式）は、グーグル、アマゾン、楽天でお買い求めいただけます。